별빛극장

한승엽 시집

문학의전당 시인선
207

별빛극장

한승엽 시집

문학의전당

시인의 말

잠시 햇살에 앉아 있는
詩 밖에서도
그 안을 들여다본다
나무 그늘이 내어준 길조차
더 낮고 막막하여도

그곳까지 쓰기 위해 가야겠다.

2015년 유월
한라수목원에서 한승엽

차례

시인의 말

제1부

해질녘　13
한줌의 방　14
골목 축구　16
지하상가를 지나며　18
사물함의 저녁　20
큰오색딱따구리 평전(評傳)　22
찰칵찰칵!　23
창이라는 門을 닦을 때　24
불타는 해변역　26
풍경의 속도　28
허공의 집　30
씨앗論　32
폐사지에서　34
꽃병과 불새　36
어떤 독거　38

제2부

먼 행성의 기도　41
별빛극장　42
강이라는 그 말　44
아이들이 지나간다　46
평상(平床)　48
무연고의 탄생　50
너무나 기록적인　52
우물의 눈물학　54
자미원에 간 적이 있다　55
병뚜껑　56
내 마음의 특급호텔　57
양지공원에서　58
바람의 책　60
재수 좋은 날　62
빛의 진원지　64

제3부

구덩이　67
굴뚝의 잠　68
황홀한 눈　69
낙천주의자들　70
꽃손　71
산지천 너머　72
물비늘　74
무인도　76
어느 생애의 작두　78
슬하　80
쪽배　81
도마를 꿈꾸다　82
바닥의 주소　84
다시, 섬　85
호미곶 물결傳　86

제4부

알작지　91
붉은발말똥게　92
물 위의 생가(生家)　94
할망바당　96
남방큰돌고래　98
원담에 대한 소고(小考)　100
해무에 대하여　101
푸른바다거북　102
다려도의 밤　104
聖스러운 순간에　106
수선화 슈퍼　107
바람 속으로　108
연정을 품다　110
무인등대 앞에서　112
파랑　114

해설 | 타자에로의 미메시스와 현현하는 삶의 이미지　115
　　　| 이성혁(문학평론가)

제1부

해질녘

피켓 하나 들고
1인 시위하던 늙수레한 사내가
반 평 남짓
크나큰 우주의 천막 속으로
거침없이 빨려 들어가더니
튼실했던 두 다리를
길게
더 길게 뻗으며,
남몰래
붉어진 눈가를 문지르는 중이다.

한줌의 방

문을 열자 빛이 보이지 않았다
느리게 가라앉는 검은 앙금이 잠든 척한다
언제부턴가 칠이 벗겨진 손잡이는
모든 소리를 한곳에 모아두는 버릇이 생겼다
오늘도 잠만 자는 방에는
책상과 의자 그리고 퀴퀴한 침대가 홀로 산다
누군가 천장에 붙여놓은 야광별 스티커
누워서 저 별들을 바라보았던 사람은
기어코 별빛으로 피어났을까,
말 그대로 잠만 자는 방
공포처럼 옷깃을 파고드는 웃풍이 불고
이미 예민해진 것들은 사각의 벽에 붙어 있다
물 내리는 소리에 흥건히 젖는 날이면
당신의 목소리를 먼 천상에서 듣고 싶었다
원하는 것을 간단하게 얻을 수 없다면
꾹 참고 있다가
훗날 작게 그려질 나를 위하여
깨뜨릴 수도 없이 안으로만 깊어질 것이다

살아 있다는 빛의 이름으로 꼬물거리는 날개
나는 부득불 새를 품은 알이 되어간다.

골목 축구

골목 담벼락의 잠잠한 벽화 속에서
한 사내아이가 축구공을 들고 걸어 나온다
약속한 듯 동네 아이들이 헌 운동화를 신은 채
골목 한구석으로 모여들더니
한쪽 벽에다 골대 모양을 그리고
유니폼과 심판도 없이 축구를 한다
짧은 패스와 패스를 주고받으며
어린아이들의 눈매가 날카롭게 되살아나고
현란한 드리블이 이어지다가
까무잡잡한 아이가 강력하게 슈팅을 때리자
소아마비를 앓으면서도 골문을 지키던 아이가
몸을 날려 거미손처럼 가까스로 공을 받아쳐 낸다
반쪽짜리 중원에서 아이들은 공이 발에 닿자마자
동네 골목의 좁고 좁은 골문,
너무 어둡고 낡은 대물림의 창문을 향해
가난한 울음이 새어 나오지 않게
집중력 있는 몸놀림으로 뻥뻥 슈팅을 날린다
시원스레 열리지 않는 골문이 답답했지만,

골목 그라운드의 햇살 드는 벽화 속에선
해바라기가 하늘 높이
노랗게 물들어가고 있었다.

지하상가를 지나며

엎드린 밤하늘에서 별을 만지다가
월경(越境)하듯 지하계단으로 빠져 들어가는 나를
또 다른 내가 붙잡지 못한다
폐장이 가까워졌지만 동선을 꿰뚫고 있는 발끝에
우연을 가장한 전생이 있을 법하다
깊이 잠들지 못하는 쇼윈도에서
시린 불빛 몇 점 나지막이 비쳐 나오고
원죄를 깨닫게 해주던 마네킹이 등 뒤에 따라붙는다
수선집 앞에서 해진 마음을 박음질하자
어린애가 신어 보았던 꽃신이 아장아장 걸어 나오고
절정에 다다른 가난이 눈물의 세일을 하는 동안
나는 어딘가에 있을 땅심을 찾아 두리번거렸지만
그 어디에도 없는, 충동의 몸짓에 불과하였다
나는 영문도 모른 채 나에게서 빠져나오지 못하고
지상의 위험수위를 가늠할 수조차 없어
머리끝으로 신열이 번져 가는데
하루를 끌고 왔던 검은 새 한 마리
걸려 있는 블라우스에서 몰래 실밥을 쪼아 먹다가

시커멓게 아가리를 벌리고 있는 입구를 향해
잽싸게 파드닥거리며 날아가 버린다
나는 떨어진 깃털, 지폐 한 장을 손에 움켜쥔 채
끝 모를 기다림으로 빠져나올 수 없는 길에서
지상의 밤하늘을 하염없이 쳐다보았다
이곳은 끝내 잠들지 못하는 미궁의 시간이다.

사물함의 저녁

태어나면서부터 자폐를 앓았지만
그토록 알록달록한 마트에 살기를 꿈꾸지는 않았다
긁힌 자국도 없이 네모난 얼굴
고딕으로 꾸며진 삶의 거처는 독신아파트 같았다

부활의 신호탄처럼 들려오는 너의 발자국 소리

그 짧은 호흡이 문고리를 잡아당겨 나를 다시 가두면
하나뿐인 나의 장기(臟器)는 온도에 지장을 받지 않은 채
한 움큼의 분노도 터뜨릴 수 없었다

돌이켜보면 극단적으로 분리된 나의 삶은
딱히 나름대로 독창성을 요구받지도 않았다
지극히 평면적인 침대에는 사유가 머물지 않았으므로
육성마저 잃어버린 내가 존재할 뿐이다

하지만 1+1 행사는 얼마나 눈물겨운 조합이었나?
네가 나타나기 전에는 내가 사는 이유를 알 수가 없었는데

어디서 왔다가 어디로 가는지 그 의식조차 가물거렸는데
수천의 얼굴들이 나를 끊임없이 가두고 또 가두었듯이
열리고 닫힐 때마다 위태위태한 교감의 꽃

희망은 내 몸 밖, 낯선 사람들에게 할당된 몫이었다

매일같이 고단한 육신을 잠금 해제하는 시각
오늘 저녁은 또 무얼 해먹을까? 하고 어떤 식감을 떠올리며
더 또렷해지는 생각들 사이로, 돌연
높은 천장에서 서터 내리는 소리가 지층을 뚫고 묻혀버린다
늙어가는 나의 소망, 혁명은 이루어지지 않았다.

큰오색딱따구리 평전(評傳)

하늘 가까이 치솟은 나무 몸통을 대할 때마다 그의 붉은색 머리띠가 그리웠다 귓전을 때리던 소리, 문패도 없는 둥지, 그는 이곳에서 소소한 일상을 고백하듯 일기를 쓰던 쓰라린 부리의 아픔을 다 지우고 떠났을까

한때는 물컹한 습지 건너 시커먼 숲으로 날아 들어가 더 깊은 조난(遭難)을 당하며 제 몸의 고립을 원하기도 했었다는 말들이 무성했는데, 비로소 내 안에서 눈을 뜬다는 것은

나무밑동에서 옹알이하는 애벌레의 잠을 깨우는 것처럼 아무리 손짓하며 다가서려 하여도 닿지 않는 빛줄기 같다, 라는 그의 일기 속의 글귀가 일침을 가하던 어느 겨울 숲가의 쓸쓸함은 더 차가운데

급작스레 그가 남기고 떠난 휑한 둥지는 갈 곳 없는 새들의 따뜻한 집이 될 것이다 닫혀 있던 곳으로부터 망루 같은 나무를 붙잡고 외로움을 토해내던 그가 아른거리자, 내 몸이 나무가 된 듯이 내가 쪼개지며 먹먹해졌다.

찰칵찰칵!

클린하우스 앞에 한 노인이 쓰러져 있다
필사적으로
끌어안고 있는 두툼한 폐지,
사람으로 치면 일흔을 훨씬 넘은 동네 개가
살금살금 다가와 노인의 목덜미에 혀를 갖다 댄다

찰칵찰칵!

이승의 저 침은 꽤나 길고 푸르다

여기는 꽃에 대한 환상을 금기시하는 우주 밖

갈 곳의 방향을 잃어버린 꿀벌 한 마리
번쩍이는 앵글로 돌진하다 부딪쳐 앵앵거린다
북받치는 슬픔을 참는 듯
애도하듯.

창이라는 門을 닦을 때

비가 오셨던 곳,
마른 얼룩을 닦기 위해 창을 연다
시선을 붙잡듯 혈혈단신으로 서 있는 복숭아나무
연분홍 꽃잎 지우고
떠남의 서열도 정해지지 않은 열매마저 지워가며
녹색의 군불을 때고 있다
누구나 피고 지는 건 잠깐이기에
이 만만한 풍경을 지나칠 새는 없을 것이다
두렵고 두려운 눈길
뜨거운 교합은 부리의 가면을 쓰고
꽉꽉함에 대하여 말을 거는 것 같았다
아, 하얀 휴지가 떨어져 날아간다
차갑고 어두웠던 벽은
말기 환자 같은 병을 앓고 있었던 모양이다
저곳까지 끝과 끝으로 이어진 시간을
몽상으로 재구성해서
각주(脚註)까지 달아주고 싶어진다
드디어 자신의 몸 밖으로 뛰쳐나간 새가

모두가 한순간 서로를 위무하며 눈물바다가 된다
갈매기가 날아와 울음을 깊이 파묻고 있다
머지않아 빈 역사(驛舍)에 붉은 꽃이 필 것이다.

풍경의 속도

조금 더 오르기 위해

손잡이를 잡고 노란 테두리선 안으로 들어선다

어릴 적 버스 창(窓) 너머의 산은 파헤쳐지고

쌍둥이 빌딩 골조물이 들어서더니

얼마 가지 않아 다리 난간을 들어 올리던

포클레인의 집게발이 갓길에서 역주행하며

저장되었다가 삭제된 길처럼 손을 흔든다

그러나 이것은 낙화(洛花)놀이의 일부분일 뿐,

엄숙하거나 선한 침묵이 환영받지 못하더라도

그토록 기다리던 파도는

어디에서나 시들지 않았기에

잔뜩 힘이 들어간 눈으로

어스름이 깔린 수평선을 더듬거리면

수천 번 헤어졌다 다시 만나는 그 철썩거림에

두근거리던 심장이 아련해지고

죽은 듯이 엎드려 살아온 생(生)이기에

어느 포구에서는 밤의 밧줄을 풀고

고깃배가 출항을 몹시 서두르고 있을 것이다

저 수면 위에 터를 잡고 산다는 것은
파도의 손자국으로 살아남겠다는 뜻일 게다
기약 없이 떠나버린 혈족들이 숨겨놓은 거처가
어디였는지 생각에 빠지려는데,
어린 묘목을 심듯이 신발 밑창을 살짝 구르며
에스컬레이터에서 말없이 내려서는 저 그림자들.

허공의 집

날렵하게 잘 깎인 맨몸의 솟대가
휘청거리듯 이승의 무게를 떠받치고 있다
덕장에서 분주한 손들이 비린내를 말리고
소금기 진득한 바람의 생각들을 예언하기까지
아무도 그의 눈과 귀를 알아채진 못했다
늦봄 햇살이 파도의 덧난 상처를 가만가만 핥을 때
잿빛 방파제를 거닐던
거나하게 취한 중년사내의 부풀어 오른 오줌보가
힘차게 포물선을 그으며 헤벌어진 웃음을 터뜨리자
깜짝 놀란 물새 한 마리
날개를 펴들어 하늘, 하늘가로 날아가더니
아무런 연고가 없어도
시장 입구에 좌판 벌인 노파에게도 서슴없이 안겼으리라
정녕 대낮이어도 음습했던 그곳
낯선 간이역을 스치듯 어제의 내력을 캐물어도
종일 까며 다듬었던 마늘과 양파껍질을
흙부스러기와 함께 조용조용 쓸어 담고 있다
노파의 얼굴이 유목민처럼 지치고 어두워져 가도

오늘 하루가 남긴 유산일 것이다
이윽고 다시 솟대가
깡마른 허기 달래며 바라본 때 이른 저녁 속으로
뜨뜻한 밥 짓는 연기가 되어 사라져 간다, 문득
저 허공의 집은 온전했었는지 되묻고 싶어졌다.

씨앗論

오래된 습관이 절절한 구원이 되기도 했다
지난밤 씨앗을 삼키는 흙빛 얼굴의 사내를 보았을 때
치명적인 고통이 갈비뼈에서 흘러나왔다

씹지도 않고 삼켜버리는 행위는
도저히 감당할 수 없는 그리움과 맞물려 있기도 하다

사내의 폐 속에는 들판과 이어지는 외길이 놓여 있고
발아를 저울질하는 하나의 씨앗
단 몇 초의 무한한 세월
구속받지 않는 극빈의 시공(時空)을 찾아 나서고 있다

목구멍으로 핏물이 역류하고
끊어진 하늘가, 새 발자국이 모여 사는 숲에 닿으면
씨앗은 간결하게 자라다가
압축된 그늘을 무한대로 퍼뜨릴 나무가 될 터이다

컴컴한 덤불 속에서도 시린 언어처럼 꼿꼿이 흘러내리는

당신의 푸르스름한 눈물,
들판을 가로질러 우리들 앞에 현현함으로써
우주의 살아 있는 사리(舍利)임에 틀림이 없다

천하(天河)가 꼭두새벽부터 출렁출렁 떠들썩했다.

폐사지에서

벌겋게 닫힌 일몰의 자물쇠를 열자마자
땅속 깊이 박혀 있던 주춧돌이
걷잡을 수 없는 빛살을 일으키며 사방에 뿜어댄다

그 누구도 찾지 않아 고독했던 폐허의 몸에
무형(無形)을 깨우는 독경 소리 다시 찾아들고
하늘에선
기왓장 같은 구름조각이 일제히 각을 맞추더니
텅 빈 연꽃이 되기 위해
작정하고 날아온 산새들은 숨죽여 울었다

헤아리지 못할 법등(法燈)이 커지자
불타버린 기둥이 하얀 어둠으로 칸칸이 들어서고
채울 수 없는 것들은 가부좌를 틀지 않아도
그대가 흘린 진흙의 눈물에 묻히듯
푹푹 빠져 들어갔다

저만치 산 그림자와 거리를 두고

평탄의 찰나를 벗어나라며 다그치는 소리가
사박사박 들려오는 듯했다.

꽃병과 불새

공중으로 날아가던 꽃병이 떨어지며
발등이 베이고 말았다, 깨진 유리조각에도
맑은 핏물이 서서히 번져간다

나는 착시 같은 그 투명함 속으로 들어가
유리조각을 조심조심 건드려본다
심장소리는 들리지 않았지만, 은닉된 죽음도 아니다

보이지만, 보이지 않는 저 투명

누군가 쇠막대기 끝으로 유리 물을 살살 굴리고 있다
끓고 끓다가 바닥으로 흘러내리는 액체도 아닌
저 끈적끈적한 덩어리,
마침내 심장이 뛰고 있다
아무도 기원의 비밀을 알 수 없었던 불새

버려지는 삶일지언정 날갯죽지에 불씨가 남아 있어
아, 근접할 수도 없는 산그늘의 날개를 달아

가까이서 멀어지는 것들을 향해 비상할 것이다

언제 그랬냐는 듯이 공중의 꽃 한 송이
가슴팍에 손을 얹고 나를 내려다보고 있다.

어떤 독거

한눈에도 늙어 보였다
처진 목살이며 허기로 채워진 불룩한 배
입가 주변까지 빼곡한 주름
이제
어른벌레처럼 허연 알을 뿌리고
온몸을 낙엽으로 덮으려 한다
수십 수백 번 짜깁기한
저 무허가 쪽방
딱 한 줄 갈바람에
신음도 없이 흔들리고 흔들리며.

제2부

먼 행성의 기도

물고기의 눈으로
는개가 거느리고 있는 창밖을 들여다보는데

휘어진 가지 같은 고층아파트 꼭대기에서
연둣빛 나뭇잎이 바닥을 향해 나풀거리는가 싶더니
이미 어린 소녀의 연분홍 치마가, 화들짝
뛰어내린 후였다

곡선의 꽃으로 피고 싶었을 저 뜨거운 김

우리들의 낭자한 무관심이 머리끝을 뒤덮으면서
먼지 같은 슬픔이 먼 행성으로부터 시작되고 있었으니

눈을 질끈 감아도
입안에선 제발, 제발……이라는 말이
공전하듯 뱅뱅 맴돌았다.

별빛극장

그들은 모두 은막의 스크린 속에 살고 있다
개봉과 동시에 입소문이 퍼지면서
사람들은 하나 둘 전깃불이 없는 오지로 찾아들어가
죄가 없는 별이 되기를 소망했다
그들은 간간이 별을 닮으려는 이들에게
발달장애를 앓는 어린별의 슬픈 꿈과
갑자기 퇴출당한 별똥별의 이야기를 들려주었을 뿐
도무지 그들의 정체를 아는 이는 없었다
가장 어두운 이야기로부터 궤도를 이탈하려는 순간,
은하의 지평에서 밝아오는 새벽
주위는 어두웠지만 외롭게 빛나는 직녀별이
조간신문에 끼어 있는 마트 전단지를 펼쳐놓고
저녁상 차릴 궁리를 하고 있다
언제나 그녀는 낯설어 보이는 길 위에서도
권태를 모른 채 기다림의 서책을 반짝반짝 읽곤 했다
때론 눈먼 아들을 위한 어느 뒷마당의 치성에
소리 소문 없이 등장하는 그들의 조용한 빛
한자리를 지켜온 고향마을 어귀의 외등(外燈) 같았다

그 속살들이 클로즈업되어 장막에 갇힐 무렵
어둠자락을 뚫고 별빛 한 점 내비친다
아, 놓치고 싶지 않은 저 한 편의 뭉클한 명화(名畵).

강이라는 그 말

강둑의 머리가 소용돌이에 마구 헝클어져 있을 때
대낮의 시간들은 대부분 녹물처럼 흘러갈 뿐
떠도는 풍문은 오래전의 결핍을 증명하듯
막힘없이 흐르다 더 깊이 심장을 때리며 지나갑니다

콘크리트 모퉁이가 벗겨진 희미한 경계를 지나
미처 풍문이 닿지 않은
어느 하구(河口)의 이름난 국숫집에선
시어머니와 며느리가 서로 멀거니 바라보며
그 진한 국물을 기다리고 있었습니다.
얼마 뒤 탁자 위에 놓인 국수 그릇에서
시어머니의 젓가락이 면발을 말아
며느리의 그릇으로 떠넘겨주는데
민망한 며느리는 급히 손사래를 쳐대고
시어머니의 쭈글쭈글한 입속에서 환한 꽃처럼 피어나던
저 잇몸!

순간, 강이라는 그 말

메마른 젖줄처럼 까맣게 잊고 살다가
불쑥 가슴에 박힌 돌덩이를 치며 휘돌아갑니다.
그렇다면 내 몸 어딘가에
그 면구스러운 줄기가 출렁대며 흘러가고 있을 터인데

밤새 달려드는 이물에 둥둥 떠 있는 물고기들
물숨이 막힌 그 결핍의 꿈이 허를 찌르며 밀려옵니다
망각의 기둥에 기댄 채
어금니마저 뭉텅 빠진 서러운 잇몸의 한 생애가
끈질기게 달라붙는 모래바람에 슬픈 듯 웃고 있었습니다.

아이들이 지나간다
— 보수동 헌책방 골목에서

무릇 검붉은 대지가 세워놓은 이 골목은
피안(彼岸)으로 넘어가는 성곽이다
아무것도 보이지 않고 들리지 않을 때
심장을 조이는
그 악몽의 시간을 향해 저항하던 눈빛들이
골방에서 빠져나와 서성거리듯 찾아들면
수직으로 겹겹이 쌓인 헌책들
읽다가 만 당신의 페이지가 바람에 펄럭거렸다
분명하게 알 수는 없어도
여기는 천국과 지옥의 범주를 물을 수 있는 곳
언제나 존재하는 선과 악의 단순함보다는
행동과 마음 사이
이것과 저것 사이에 계단이 뱀처럼 하늘로
솟아오르고 있다, 모르긴 해도
아픈 심열은 한 구절 사라진 금서(禁書)에서
차츰차츰 떠오르기 마련이었다
지쳐 있던 날
뜻 모를 단어 위에 걸터앉아 있노라면

도넛의 고소한 냄새가 파고들기도 했다
급기야 음모와 날조는 식어가고
명쾌한 답을 얻지 못한 응어리와 질문으로
저렇듯 창문 가득 타오르는 거대한 화염
어릴 적 공동묘지에서 보았던 저녁놀 같다,
절판된 동화책을 찾을 수 없었던 그즈음
삽화 속 아이들의 웃음소리만
그곳 피안으로 통통거리며 걸어가고 있다.

평상(平床)

　오래도록 연연하던 경계의 숲에 당도하자마자 널쪽의 평평함을 오히려 결박당하고 있는 중이다 경직된 몸 위로 인기척 없이 버찌가 떨어지더니 낭자하게 번지는 붉은 액체, 내 생살의 가장자리를 간신히 움켜잡듯이 푸른 멍으로 다시 살아남아 태어난 곳으로부터의 아픔을 삭이며 첫발을 내딛고 있다 이따금 움푹 들어간 못 자국이 자신을 흉내 낸다며 나무랐지만, 벌어진 결의 틈마다 어둠이 속속 도착하고 단내를 풍기던 사람들의 말들이 떠날 채비를 서두르자 이미 터를 잡은 듯, 푸른 멍이 배시시 웃으며 중얼거렸다

　날이 완연히 풀리기만을 기다리며 어느 한순간도 생활의 끈을 놓지 않았던 존재라며 짐짓 근엄한 표정까지 지어보였으나 쉽게 떠오르지 않는 이목구비다, 이윽고 나무의 공중을 배회하던 까마귀로부터 욕설 같은 탄식이 흘러나왔을 때 덜 말라 절뚝거리던 다리 한쪽이 슬며시 떠올랐다 구릉진 곳에서 거칠게 살던 그 마음이 오늘따라 짠하다 비바람 몰아쳐대면 더더욱 지워지지 않아 손때 묻히며 반질반질 닦아주고픈 기억들이 훗날 처연하게 숲길에서 곰살궂게 걸어 나오겠지만

나뭇잎 물들어도 어떤 격식 없이 연둣빛 웃음으로 밑바닥을 견뎌내고 싶다, 차마 아무나 잴 수 없는 이 사각의 듬쑥함으로.

무연고의 탄생

겨울비 쏟아지는 골목 귀퉁이에
그 사내는 하늘을 향해 반듯이 누워 있었다
슬픔도 닫혀버린, 그의 빈집은
오히려 영하의 날씨에도 문이 열려 있는 채
생(生)을 통과하지 못한 독촉 우편물들이
적나라한 이승의 행적을 따라가며 쌓여 있었지만
유일하게 연고를 알 수 있는 것은 지문뿐,
어렵사리 연락이 닿은 혈육은
왕래가 끊긴 무덤덤한 세월의 덕에
아무런 정도 남아 있지 않아 거둘 수 없었고
곧바로 화장터로 가는 길
한 그릇의 눈물비빔밥도 없이
막다른 길을 빠져나오는 동안
먹자골목의 간판이 하나씩 조등처럼 켜지는데
기웃거리는 묵념조차 없고
쓸쓸함을 감추려고 입술 깨물던 하늘이
그의 누런 뺨을 젖은 손으로 어루만지고 있다
견고했던 동네로부터 진동하는 균열의 냄새

알 수 없는 그 무엇이 첫울음처럼 터져 나왔다.

너무나 기록적인

기록적인 폭우 속을 달리던 버스가
어느 고갯길에서 급정거하며 멈춰 섰다
정류소가 아닌 엉뚱한 곳에서 아예 시동마저 끄자
승객들은 영문을 몰라 어리둥절했고
운전대를 놓은 운전기사가
승객들에게 양해를 구하더니
급히 반대편 차로로 쏜살같이 뛰어 들어갔다
그곳엔 꼬부랑 할머니의 폐지 실은 수레가
좀처럼 넘지 못하는 고갯길에서 젖고 있었는데
운전기사가 뒤에서 밀다가
끝내 할머니 대신 수레를 끌고 고갯길을 넘어갔다
버스가 멀리 사라질 때까지
할머니는 젖고 젖은 손을 흔들어댔고
멈춰 섰던 승객들의 눈에선
폭우를 잠재우듯 연꽃이라도 피었을 것이다
스쳐 갔으나 기록되지 않는 것, 그러나
너무나 기록적인
그 하루의 종점에는

누가 다녀갔는지 도통 알 수가 없지만
질척이는 땅 위로 짧은 햇살이 뒤척이고 있었다.

우물의 눈물학

흙무덤이라고 짐작했었다 빈틈없이 채워졌던 흙을 삽으로 퍼내기 시작하자 웅크리고 있던 우물이 모습을 드러냈다 타임캡슐을 열듯 두레박을 타고 내려가 목마른 곳으로 이끌었던 그 순간을 길어 올린다 나도 모르게 바싹바싹 타들어가는 혓바닥, 역병이 돌던 시절 몸 안의 핏속에선 한 모금의 생수를 간절히 원했던 것일까 성별 구분이 안 되는 어린아이가 두꺼운 지층을 껴안고 누워 있다 깊은 어둠처럼 깡마른 어깨뼈가 거느리고 있던 흐느낌이 긴장을 압도해버린다 살짝 건드리면 산산이 부서질 토기(土器)가 지키고 있는 저 애절한 운명이 동공을 찔러대고

모든 걸 태워버리듯 날마다 꺼내보았을 안락한 생(生)의 자락들, 그리운 것들이 순식간에 깨진다 해도 단 한 번 누군가의 사람이 되었을 것이라는 상상만으로도 가슴 벅찼을 지상의 마지막 눈물이여.

자미원에 간 적이 있다

정선 아우라지 지나
고갯마루에 걸려 있는 폐광마을,
어느 해 여름
내리는 사람
오르는 사람도 없이 완행열차는 떠나고
대합실은 묵묵히 혼자였다
걸음을 옮길 때마다
탄가루가 바짓가랑이를 반기듯 달라붙고
단추만 한 구멍가게의
새까만 외상장부가 소매를 잡아끌었다
그날 밤 외딴 방에 드러누워
검은 냇물이 정적을 깨며 흐르는 소리를
베갯잇 적시며 들은 적이 있다
아니, 심란한 밤을 뚫고
내 귓가로 맑게 스미던 물소리
오늘도 끊어질 듯 이어져
말 못할 무슨 간절함이 있을 듯하다.

병뚜껑

밤새 열리는 듯
열리지 않던 마음,
다시 태어난다면
가난한 사랑 앞에서도
펑펑 소리가 나게
허물없이
그 심연(深淵)을
열어 보이겠다.

내 마음의 특급호텔

섬의 날개가 걸려 있는 창틀 아래
손바닥만 한 검붉은 텃밭,
수풀의 요정 베리디스가 데이지로 다시 태어나
하이힐 신고 걸어가며
팽팽한 볼륨을 한껏 뽐낸다

꽃이 피던 자리
눈감고 보아도 알싸한 향이 남아 있듯
한밤중에 불을 켜고 달려가고픈 저 중심에
숨겨둔 마음의 씨마저 기르고 싶어도

물오른 욕심과 이별하는 사이
착각의 어둠을 체크아웃 하는 사이
정중히 예우를 갖춘 영혼이
로비 입구에 서 있었다.

양지공원에서

 구름의 장례식에 다녀왔다 밤새 핏발선 눈가를 훔치던 손들이 애써 그의 앙상한 발목을 풀어주고 있었다 삼시세끼 먹기를 바라던 곡진한 생(生)이 유품으로 남겨놓은 것이 고작 한 줄기 연기뿐이라니

 살아생전 귓속으로 빨려 들어갔던 소리들은 엄청 얼얼했겠다 늦도록 몸 안의 길을 찾아 나섰던 여름 풀밭에서 시든 잎맥을 발견했을 때는 집으로 돌아가지 못한 게으른 그림자를 탓하기도 했으리라 저녁을 거르고 밤눈 밝혀 산등성에 올라 온전한 바람이 불기만을 기다리던 날에는 모래바람만 날아와 수평선을 흐리게 하고

 거리에서 핼쑥한 소식들이 부음처럼 날아들면 나날이 그의 일감이 줄어들어 외진 골목으로 낙오하듯 들어섰을 초로의 몸, 허공의 선반에 일용할 양식으로 고이 감춰두었던 라면 몇 봉지에 위안을 받았을지 궁금해 하다가도 유난히 눈물 많았던 그 검은 눈이 찰박거리는 빗물이 되어 비 갠 뒤의 파릇한 아침을 꿈꾸기도 했을 것이라고 짐작하는 찰나에

그의 가벼움이, 더 큰 가벼움을 잉태하고 있는 하늘의 태반에서 솜털처럼 하얗게 웃고 있었다.

바람의 책

이제는 고전으로 읽히는 한 권의 책이 있다
작자는 미상이고
바닷바람의 일부를 발췌해서 엮어낸 책,
그 책을 읽기 위해 그곳에 가려거든
모자를 눌러쓰고 아무런 장식이나 꾸밈도 없이
날개족 갈매기처럼 한 끼의 바람을 먹고
순례의 발로 길을 나서야 한다
가다 보면 주저앉고 싶을 때도 있겠지만
통증을 가라앉힐 일독(一讀)을 위해
소나무 숲으로 잠시 일렁이는 눈빛을 보내야 한다
가장 길게 느껴지는 달밤
죽음보다 더 아픈 참회를 읽고 있는데
말라가는 가지에 온기를 불어넣으며
바람의 품위가 스윽 지나가고 있다
육안으로 그 실핏줄 같은 가닥을 잡자마자
파장이 가시기도 전에 입을 닫아버리고는
논란의 중심으로부터 휙 빠져나가 버리는 그 실체,
지나간 지문은 다 다르지만

여기를 거치지 않고 바다를 얘기할 수 있을까
하지만 옮겨 적기도 쉽지가 않다
눈치껏 받아쓰기를 하는 형국이다, 그렇듯
선선하거나 지독한 것들이 수평선에서 밀려오고 있다
나의 얼굴에서 홍조가 피어올랐다.

재수 좋은 날
― 해동 용궁사에서

바다에서 가장 가깝고 외로운 곳
이곳에 발을 담으려면 저녁놀을 머리에 이고
수중법당으로 내리뻗은 듯한 돌계단에
어깨가 파묻히며 엎드리듯 가야 할 것만 같다
불이문(不二門)을 넘어서도
부딪쳐오는 검푸른 물의 깨달음은 멀고
먼 옛날 용궁으로 넘어갔을 것 같은
돌다리, 그 다리 위에서
다가올 순간들을 향해 동전을 힘껏 던진다
얕은 물속으로 동전은 두어 번 꺾이며
마치 굴신(屈身)의 모습으로 바닥에 떨어진다
하지만 생애를 뒤돌아볼 겨를도 없이
주위는 칙칙한 어둠을 맞이할 채비를 하는데
서둘러 현세로 되돌아가려는데
노점상이 즐비한 입구 중간 그 어디쯤
잘린 하반신을 검은 고무타이어에 씌우고
세상 바닥을 질질 끌고 다니며
뽕짝 메들리를 틀고 있는 사내와 마주친 눈

피하려 들수록 자꾸만 굴심(屈心)이 생긴다
호주머니에선 짤랑짤랑 동전 소리가 들려오고
굽힘에서 더 나아가 엎드려야 보이는 것
그것들을 주섬주섬 챙기는 하루의 뒤안길
어쩌면 오늘은 재수 좋은 날
그래서인지 마음 빛깔이 파동처럼 떨려왔다.

빛의 진원지

   우듬지에 어룽거리던 빛, 나무가 몸속에 초록을 기억하며 감추고 있다는 소문을 믿을 수밖에 없다

   밤과 낮의 갈림길에서 노구의 아버지가 탄 휠체어를 밀고 있는 중년의 딸의 도드라진 복숭아뼈에 그윽한 시선이 머물다 지나간다

   아침마다 동네 공원에서 침침한 눈으로 잡초를 뽑으며 말년을 보내는 할머니는 예언자적 자세를 갖춘 무거운 이름으로 환생하려고 한다

   슬퍼 보이는 곳에 내려앉는다는 빛, 저 안쪽의 무수한 몸속에 새겨진 나이테를 한 아이가 찬찬히 읽으며 초록 무늬에 대한 난독증을 이겨내는 듯하다

   파국 앞에서도 뜨거운 피를 몰고 다니는 빛살의 영혼은 새들을 춤추게 하리라, 어둠이 있기 전부터 나무를 키워왔던 당신의 눈!

제3부

구덩이

  도서관에서 내려오는 길에 후박나무가 파헤쳐진 구덩이를 보았다 움푹 파인 그곳을 새삼스럽게 바라보는데 잔뿌리가 흙벽에 매달린 채 나풀거리고 있다 끊어진 회로였을까 갑자기 전등이 꺼져버린 방, 눈이 어두워지고 더듬적거리는 손에는 뿌리 스위치가 만져지지 않는다

  바람 부는 날이면 머리 위로 푸른 곡선이 지나갔다 처처에 윤기 나는 잎들이 슬픈 과거를 지배할 때, 나는 그늘에 누워 내가 죽은 것처럼 무디어지는 것을 멀리서 바라보았다 그 어디로 흘러가고 싶지 않은 것이 있으랴마는

  더 멀리 가려고 질깃질깃하게 남아 있는 저 비명, 이제 어둠이 나를 마음껏 뒤덮을 것이다 유유히 지켜보던 덤프트럭이 나무를 싣고 시동을 걸자 우수수 떨어지는 살가운 생각들, 퍽퍽한 인도(人道)를 적시고 있다

  커다란 미망(未忘)이 밀려온다.

굴뚝의 잠

뜨거웠던 해를 마셔버린 것처럼
삼양화력발전소 굴뚝의 연기가 피어오르고 있다
그렇게라도 아버지의 유년이 피어났으면 좋겠다
후텁지근한 여름이면
민물과 짠물이 상봉하던 곳
굴뚝의 연기가 피어나던 그 옛터에
아버지의 까마득한 유년이 자리 잡고 있다
그랬다, 아니 귀담아들으며 보았다
아버지가 그곳의 까만 먹돌을 조심스럽게 뒤집자
미끈한 뱀장어가 팔딱거리며 도망쳐댔다
그때였다,
섬광처럼 아주 야무진 손아귀가
뱀장어의 퇴각로를 막고 더 화끈하게 잡아 올린다
그러나 꼬리를 쉼 없이 흔들어대는 자리에
굴뚝의 연기가 하늘 벽을 타며 솟아오르고 있다
저 깊은 굴뚝의 잠 속에서
기억을 다스리며
밤마다 피어나는 아버지의 유년이 보였다.

황홀한 눈

풀베기하려고 낫을 꺼내들자
개구리 한 마리
세상의 가시덤불에서 튀어나온다
일순간 태양 속으로 빨려 들어가는
저 황홀한 눈,
음탕하게 날름거리는 꽃잎
그 허허로운 번민을 헤치며
어떤 계시에 이끌린 듯 은신처를 구하려 한다
오금이 저려도
팽팽한 그늘의 위엄을 쓰러뜨리며
잠시 뜨거움을 밀어내는 눈빛의 속도가 경쾌하다
가지 못하는 길을 염려하며
덤불 한가운데 꾹꾹 남겨놓은 뒷모습처럼
저 무언(無言)의 눈, 필경
거무죽죽한 줄기들의 비굴을 용서하려고
끔벅거리고 있는 것이다.

낙천주의자들

 꼬리가 잘려나간 도마뱀이 다락에서 빠져나오고 있다 벽을 기어오르던 불길한 잠에서 깬 것이다 재빠르게 지도를 펼쳐 오목한 풀숲으로 떠나려는데 사정없이 시야를 가리는 안개, 어머니는 그것을 벼랑 끝에서 떠밀려온 바람의 물결이라고 했었다 수천 킬로미터 밖에서 물장구치며 풍선 같은 웃음을 터뜨리는 새까만 아이들에게는 해질녘이 멀지 않은 것 같았다 쉬나무 까치박달 곰의말채 버즘나무…… 수목원에서 낯설고 이상스런 나무들의 이름을 중얼거리는 동안 역전(驛前)을 헤매는 중년사내의 까칠까칠한 턱수염이 거울에 닿는다 붉은 유리 안쪽에서 추파를 던지는 너의 전라는 이미 사반세기 전의 작품이다 수없이 덧칠해도 지워지지 않는 말이 있듯이 나는 어릴 적 떠나온 처마로부터 또 다른 너의 무수함을 기억하며 담아낼 수 있다 그러니 내 귀여운 꼬리여, 궁지에 몰릴 때마다 은밀히 속삭여다오 잉여로 남을 때 더 짜릿한 법이라고! 드디어 와유(臥遊)를 실천하는 밤, 배를 깔고 엎드린 채 벌레 같은 활자를 곱씹고 있는 저 짭짤한 입술들이여.

꽃손

무성이 삼촌의 집들이 날
아버지 곁에 반갑게 앉은 무성이 삼촌이
첫 술잔을 권하다가
검버섯 핀 아버지의 손을 덥석 잡는다
육지에서 한창 때를 보내고
차마 끈을 놓을 수 없는
섬 한 귀퉁이가 허물어질 것 같아
아스라이 맞잡고 있는 저 꽃손,
먼 오름을 쳐다보듯 등 돌린 채
꽃방의 문을 슬그머니 열어
참아왔던 잔기침을 연거푸 터뜨리던
마당의 겨울나무와
막역한 얼굴처럼 눈이 마주치고야 만다.

산지천 너머

바닥이 깊지 않은 기다란 물그릇처럼 생긴
산지천 너머
해짓골 가는 길에서, 어머니가 두리번거리고 있다

빈 골목, 찐빵이 유명했던 영춘빵집은 없어지고
흐릿한 물줄기는 으슥하기만 한데
외갓집 해짓골로 가는 길은 거기를 넘어서야 하는데

처음을 바라보았던 그 눈동자
햇살 깊숙이 들어서던 병실에서도
층층이 쌓이던 침묵 속에서도, 다시
간밤의 불안을 털어버리기 위해 아침을 맞이하여도

어머니의 보이지 않는 눈물
저 낯선 눈물의 여로(旅路)는 아직 그 무엇을 좇는 것일까

문득 귓등을 울리며 고언(苦言)이 들려와도
흙탕물에 희석된 채 속속 떠오르는 시절,

갑작스레 검은 비가 내릴 것처럼 저녁은 더 가까워지고

어두웠던 생각들이 날아가 버려도
세상을 통달한 것 같은 어머니의 얼굴은 또다시
흘러가버린 흑백 화면이지만

시장 보러 갔다가 장바구니 들고 멀리 바라보았을 어머니,
어쩔 수 없이 차가웠던 속엣것을 다 게워내며
쓸쓸한 악성빈혈의 그 한몸 돌아서지 못하고 있다

산지천 너머, 그 너머에서.

물비늘

아직도 나는 그대를 모른다
어디선가 본 것 같아
고개를 갸웃거릴 뿐이다
춤추듯 박자를 맞추며
그물을 위아래로 힘차게 잡아채는
사내들의 얼굴에 사정없이 날아올라
찰싹 달라붙은 멸치의 비늘과 살점이
태초의 물비늘이 아니었는지
오롯이 앉아 생각에 젖어든다
그래도 나는 그대를 모른다
햇빛을 받아 반짝거리는 물결을
아무리 물비늘이라 하여도
어제의 기억은 너무나 멀고
사내들의 거친 말투가 웃음으로 번지면
갓 피어난 은빛 몸뚱어리로
그들의 뭉친 근육을 풀어주듯이
악착같이 서로를 놓아주지 않는
봄날 멸치의 물비늘,

지금도 나는 그대를 모른다
저 물비늘이 모두 떨어져 흩어진다면
혹여 암흑이 찾아올까 두렵다
지상의 아픔을 두고 갈 수 없다며
천지간을 흔들어대는 황홀경을
순간순간 잊을 수가 없다.

무인도

바다제비가 그곳에
입도조(入島祖)의 혈통을 이어받아
학교와 우체국과 구멍가게
그리고 마을마다 흔했던 우물조차도 없이
때 묻지 않은 몸으로 산다는 소문을 들었다
집성촌을 이룬 밀사초 아래서
바다의 말(言)을 깨우치며
누런 먼지 따위를 발톱으로 밀어내고
태어날 때부터 날갯짓을 꿈꿔왔던 것처럼
이른 새벽 바다 위로 날아올라
종일토록 헤매다 돌아오는 밤이면
평생 인연을 맺은 그녀와
살뜰하게, 더 뜨겁게 사랑을 나누었다는데
섬은 인간에게 길을 내어주지 않았고
불행을 모르는 바다제비가
남쪽 나라로 떠나는 이유에 대해서는
일축하듯 바람 한 모금 입에 물고
어떠한 동요도 없는 섬,

오늘따라 더 크고 높게 다가온다
그곳에 바다제비가 산다.

어느 생애의 작두

고조모의 묘를 이장하려는 시각은
묘시(卯時)에 출구는 북향이었다
새벽 어둠이 빽빽하게 들어차 있었지만
과수원 한가운데의 묘는
깊은 근심을 떨치듯 자못 편안한 표정이었다
포클레인이 파헤치기 시작하자
구별할 수 없는 진물과 함께
진득한 세월이 물컹거리며 빠져나왔다
슬픔의 한계를 자극하다 겨우 하관을 마치자
봉분을 덮다가 만 뗏장을
큰 목수였던 셋아버지가 작두로 자르고 있다
벌건 흙이 보이지 않게 그 틈을 메우기 위해
벽돌처럼 직각으로 잘라서
무덤가를 온전히 덮고 싶었을 것이다
그런데 그 뗏장이 서걱거리며 잘리는 소리가
옅어지는 아침처럼 부드럽다
이것마저도 분에 넘치는 내리사랑이었을까
저 작두질이 내 몸으로 옮겨온 듯이

두 발에 힘주어 뗏장을 쿵쿵 밟는다
도리어 살아가며 확신이 없었던 날들에게서
위안을 받는 순간이다, 어미 새 한 마리
솔가지를 툭 치며 내려앉고 있었다.

슬하

향기가 천리까지 간다는 천리향을,
말젯아버지가
할아버지의 산(山) 가장자리에 심고 있다
흙을 파내어 뿌리부터 조심스럽게 묻고
다시 흙을 덮는 것을 보니
무엇을 심는다는 말의
심 자(字)는 마음 심(心)에서
유래되었을 것이라는
우연히 생긴 느낌 때문에
나무가 아닌 마음을 심는 것 같았다
하여 향기가 천리까지 간다는 천리향도
결국,
슬하(膝下)를 벗어나지 못할 것 같다
산 한쪽이 평안한 길을 터주듯이
시원스레 밝아지고 있었다.

쪽배
―故 황영인 시인에게

남춘천역에서 내려
공지천으로 가는 길에는 고요가 나부꼈는데
그대가 흩뿌린 시원(始原)의 자취였다
장면을 넘나들다 보면 저 낯선 휴식으로
팽창되었다가 응축된 물이 먼저 떠나갔다
멈추지 않는 미완의 시간처럼
보이지 않는 소리, 들리지 않는 색깔들이
응집된 곳에서 싹을 틔워
파르르 떠는 쪽배에게 얼음꽃을 전하려고 한다
이제 그대는 마른 잎이 떨어지듯 무중력 상태다
화폭에 옮겨 담을 수도 없이
비우고 있는 꿈과 몽(夢) 그만큼의 거리
아, 그대가 그대를 두고
기어이 쪽배는 반달을 향해 길 떠나고 있다
예측할 수 없는 날들이 많아지기 전에
얼어붙어 가는 물 위로 오리들을 풀어놓으며
결코 사그라지지 않을 빛을 기다리며.

도마를 꿈꾸다

이른 새벽 곤한 몸이 좌판에 올려지고
때맞춰 되찾기 시작한 평정심 위로
한창 물 좋고 등 푸른 고등어가 얼른 드러눕는다
두툼한 칼을 움켜쥔 빨간 고무장갑이 배를 가르자
바다의 내장과 핏물이 좌르르 쏟아지고
탁탁탁 토막 난 살점, 살점들이
헌 신문지에 돌돌 말린 채
검은 비닐봉지 속으로 사라지는 동안
내 몸통이 젖었다가 마를 때까지의 숨 가쁜 자국들을
나를 눈뜨게 했던 곳
편백나무 숲으로 아득히 돌려보낸다
최초의 나 이전에
최초로 내가 꿈꾸었던 것은
올곧은 나무로 자라
썰고 다지는 튼실한 밑받침이 되는 것
세상에 하나밖에 없는 천직이었다
한낱 구김살 없는 나무토막으로서
거칠게 잘려나간 속살을 대팻날 세워 다듬어야

비로소 탄생되는 몸
코 찌르는 비린내와 칼질에 만신창이가 되었어도
끝물은 억센 손끝을 지나가기 마련이고
폐장(閉場)의 거뜬한 가벼움이
비늘 같은 별빛을 총총히 쫓아가노라면
마치 상쾌한 바닷바람이 머리를 빗는 것처럼
잠결에서조차 잊지 못한다,
파드닥 차고 일어서는 날것 지느러미의 전율을.

바닥의 주소

　질펀한 골목의 천막이 들썩거렸다 바닷속 어두침침한 뻘을 거쳐 이곳의 토박이처럼 살아갈 수밖에 없었던 당신은, 단 한번도 가식을 보여주지 않았다 벌겋게 달아오른 불판에 오르기 위해 껍질을 벗기고 쓸개까지 도려내는 순간에도 생(生)을 붙잡으려 꼼지락거리며 눈을 낮추고 있었다 뭉툭하고 반들거리던 골목의 등지느러미가 닳고 닳아 없어진 것도 그때쯤이다 매캐해진 골목의 뻘을 뒤집어보면

　되살아나는 시퍼런 청춘의 풍정(風情), 당신의 몸에 비해 수십 곱절이 넘는 물결을 훑으며 살아온 궤적이 알짝지근하게 펼쳐졌다 언뜻 그 몸뚱이가 바다를 움직이는 현란한 곡선이라고 믿어버린 사람들이 불판 앞으로 모여들어 혀를 휘감는 몸부림을, 익명으로 숨겨간 나날들을 잘근잘근 곱씹고 있다 어차피 길바닥 인생이라고 실토하는 낯익은 바람이 막잔을 부딪쳐오고

　물결의 유희를 꿈꾸다 새벽이 가까워지면 더 내려갈 수 없는 골목 끝으로부터 바닥을 치듯 소금바람이 일어섰다 펄럭거리는 원색의 천막, 당신의 꼬리지느러미가 거침없이 꿈틀거렸다.

다시, 섬

불혹을 훌쩍 넘긴 섬이 있다
피가 마르는 역마살
육지에서의 빠듯한 생활을 접고
억울함과 배반의 삶도 다 잊고
시속(時俗)을 버린 까막눈이 되어
돌아앉아 울고 있는 섬,
정처 없이 손을 놓아버렸던 곳
이제는 쓸쓸히 아무도 없는데
물결만이 그 속마음을 아는지
몽돌바다에서 쌀을 씻고
우럭을 낚아 매운탕을 끓이고
생미역까지 곁들인 밥상을 차린다
그 오지랖에 찔끔거리던 섬
이내 정좌하고 물결과 겸상을 한다
영락없이 한 식구다
더는 무너지지 않겠다는 듯이
굳게 다물었던 그의 입가에서
찰싹찰싹 파도소리가 흘러나왔다.

호미곶 물결傳

수평선으로 별들이 흘러가고
나 혼자 램프를 끄며 낙차가 컸던 지난밤으로부터
벗어나리라고 다짐하는데
벌써 내생(來生)의 물결이 턱밑까지 차오르고 있다

물 위에서 묵은 하룻밤은 과메기처럼 꾸덕꾸덕하고
스스로 아낌없이 갇힌 채
살아 있는 것과 죽은 것들이 함께 떠다니는
물결의 민낯은 적적하거나 남루해 보이지 않았다

붉게 떠오르는 배경에 기대어
걸쭉한 물감을 풀어놓고 덧칠을 하며
먼 기억들을 애처롭게 불러 모으는 동안
허기가 찌릿하게 촉을 세워 번져 오르고 있다

그 누가 이곳을 바닷바람의 회유지(回遊地)라 했을까

어쩌다 한 발이 모자라서

평생 가난의 기구한 파편을 낳을지라도
밀려왔다 수없이 떠밀려갈 수밖에 없는 물결의 뒷모습에서
아프게 발견한 자화(自畵)는 조각조각 깨지고 있었지만

나는 늦은 아침을 먹기 위해 길짐승처럼 어슬렁거리다가
느닷없이 톡 쏘는 방언(方言) 한 마디에 멈칫거린다
그렇다면 아직도 욕망의 해가 떠오르기 전이었을까
나에게로 빠져드는 발끝은 지독하게 시려오는데

먼발치서 쭉 지켜보던 늙은 어부가
두려움의 손을 씻고 경배(敬拜)하듯
차디찬 물결을 향해 천천히 잔을 들어 올리고 있었다.

제4부

알작지*

구르고 굴러 동글해진 몸
여기까지 아프게 흘러들어와 보니
온 사방의 속울음이 이곳에 살고 있구나
이미 옛 시간과 섞이는 파도소리를 알아들을 수는 없고
하루 빨리 눈감고 싶어도
속살 깎이고 깎이며 휘돌아온
초라한 행색을 향해, 바다 앞에서 털썩 주저앉는다
쏟아지는 하얀 눈물
좁혀지는 미간 사이로
자글거리며 뻗어오는 한낮의 때 아닌 슬픔
조금씩 이동한다
생각해보면 일생을 온전히 감싸준 것은
저 푸른 물살뿐이었다
혹여 낭인의 길로 들어서더라도
발끝에 낭떠러지가 있어도 애써 몸부림치고 싶다
지나치던 형형한 눈빛들이 제 속을 훤히 들여다보듯
가난한 알몸의 기록을 침묵으로 들추고 있다.

---

*알작지 : 제주시 내도동의 몽돌 해안.

붉은발말똥게

어젯밤 목구멍으로 토사가 흘러들어오고야 말았습니다
장맛비 그친 구럼비 바다의 수면은 온갖 잡념으로 넘실거리지만
제일로 손꼽는 나의 근친입니다
말똥거리던 눈앞으로 범섬이 노란 띠랑 둥둥 떠다니기 시작하면서
겨우 한 목숨 이곳에 남겨진 이유를 가늠할 수 있는 까닭이지요
S라인 해안이 콘크리트 삼발이에 아찔하게 점령당하고
덤프트럭 굉음에 집게발 부러져도
나는 무수한 깃발 너머, 갯바위 틈의 인동초를 보려 합니다
다시 눈이 뜨거워지는 강정마을 맑은 물 위로
깨진 달빛 송곳니처럼 박혀오면
이제 당신은 습관처럼, 너는 도대체 누구냐고 묻곤 합니다
그러면 촉촉한 기억 하나 베갯머리 적시며 지나갑니다
어디 스쳐가는 게 그 얕은 물살뿐이랴
야행의 틈을 놓치지 않으려 깔아놓은 통발에 속아
이 비천한 몸뚱어리 높다란 펜스 안에 갇히는 날이면

입천장에 달라붙은 마지막 거품의 온기 아슴푸레하고
불쑥 나타날 것만 같은 고즈넉한 삶의 환영이
간결한 깨우침으로 앞질러 다가오기도 하지요
흙탕물에 범벅이 되어도 환한 길섶을 더듬어가던 순간
아뿔싸! 세상물정 모르고 늘 순했던 나의 오른팔 은어는
너무 고단하여 비늘만 허옇게 드러낸 채 잠들어 있고
나 홀로 몸 밖의 풍경으로부터 흉흉한 소문을 밀어내듯
가파른 욕망과 알 수 없는 빈혈의 냄새를 지우기 위해
붉게 달아오른 등딱지,
얼핏 들으면 들꽃 같은 내 이름이 어렴풋이 보이시나요.

물 위의 생가(生家)

찢어진 펜스 사이로 구럼비 바위 옆얼굴이 슬쩍 보였다
들큼한 새벽 주름을 어루만지며
버젓이 뿌리내렸던 까마귀쪽나무가 약간씩 기울어진 모습이
수십만 년 전 물과 불이 만났던 흔적이라고 믿는 사이
멀리서 오탁방지막을 뚫고 넘어오는 숨소리가
노역(勞役)의 호흡처럼 거칠고 차다
훔쳐보던 틈에서 나는 콩알만큼 작아지고 더 작아져
어둠의 물살을 고스란히 떠안은 구럼비 바위
저 은자(隱者)의 가슴팍으로 데굴데굴 굴러가 안겨본다
수압을 견디고 있는 먼 남쪽의 끝
차마 물을 수 없는 것들은 애끓는 기도로 퍼져나가고
기억의 섬 저편으로 흘러가려던 사람들조차
명징한 하늘과 무엇이든 울리고 웃기던 맹꽁이 울음에
차라리 눙치듯 그것의 포로가 되고 싶은 날
거짓처럼 생살이 터져 낯설어 보이는 당신의 얼굴은
굽은 허리를 펼 수도 없이 일그러져 있었지만,
나를 던져야만 그리운 순간이 온다면
간신히 몇 발짝 뒤로 물러서야만 쓰린 욕망을 일깨울 수 있

다면
    당신의 등짝을 흘깃흘깃 바라보다
    마침내 신발을 벗어들고 오래도록 기다려왔던 곳
    당신의 물 위의 생가(生家), 그 적막으로 간다
    거기엔 미처 손상되지 않은 수초의 꿈과
    부유(浮遊)하며 살고 싶은 바람꽃이 아직도 피고 있음으로.

할망바당*

평생 물질을 했다는 늙은 해녀의 다리가
물속으로 휘적휘적 빠져 들어간다
두 손으로 테왁을 받쳐 들고 있는데
마치 신줏단지를 모시는 듯하다
잠시 솟구쳤다 풍덩,
온몸을 담그는 그 짧은 순간
물고기처럼 날렵한 몸놀림을 펼치면
젊은 날 굽이치던 고비가 떠밀려오고
굽혔다 펴지는 길에서는
물의 결기가 주름 속으로 파고들 것이다
물 위로 거듭 솟구쳐 올라
움켜쥔 것 없이 헛헛한 빈손이어도
이승의 끝자락에 전하는 숨비소리 아릿하고
삼삼오오 불턱에 모여들어
언 몸이라도 녹이다 보면
허연 연기가 되어 먼 곳으로 날아가던
모진 세파(世波)의 잔해처럼
더 위태로운 날들이 남아 있을지 모른다

심장이 멎는 날까지 저 물결을 건너가고픈
늙은 해녀의 가녀린 어깨 너머
고개를 스윽 내밀고 있는 거북손
갯바위 틈에 모로 누운 채 살아 있다
흡사 그녀의 손을 쏙 빼닮았다.

―――――

＊할망바당 : 고령의 해녀들을 위해 지정한 수심 얕은 바다.

남방큰돌고래

누군가의 시선이 내 육중한 몸에 닿으면
벌써 아래턱 주위로부터 단단한 각오와 함께 온몸이
알 수 없는 절정을 향해 근질거리기 시작했어요
헤엄으로 빙글빙글 가볍게 원을 그리다 물살을 가르는 시간
공연장 한가운데서, 때론 그곳을 생각하며
긴장을 늦추지 않은 채 수면 위로 근사하게 점프를 하지요
언젠가 처음으로 공중곡예를 선보이던 날, 속으론
한순간도 내 몸에서 시선을 떼지 않고
곧게 편 나의 꼬리에 탄성이 꽂히길 원하기도 했지요
그러나 야생을 흠모하던 박수가 멈추고
모두가 빠져나간 텅 빈 수조에서
물결을 넘나드는 것이 내게 주어진 운명이라면
형벌 같은 이 외로움은 언제든지 찾아올 수 있으므로
다시 제자리로 돌아가지 못하는 슬픔이
나의 출생비밀을 말하지 않은 탓이라는 짐작에
그 어떤 희망의 근거를 떠올리는 밤마다
손톱만 한 불빛이 어른거리는 무인등대를 찾아서
마치 물 위를 걷는 사람처럼 경이로운 몸놀림으로

더 멀리멀리 헤엄쳐 나가면 그곳에 안길 수 있을까요,
한나절 그리웠던 해녀들의 숨비소리가
아릿하게 들려오던 내 고향 바다
시퍼렇고 담대한 파도로부터 평생 벗어나지 않았던.

원담*에 대한 소고(小考)

눈앞에서 가마우지 울음이
눈치 빠르게 그치던 자리
그 환청이 젖은 돌 위에서 들려왔다

검은색 크레파스로 실체를 그리고 싶다는 물결의 질문에

주목받는 생애가,
더 이상 세상의 일부분이 아니라는 생각도
종종 들기도 했다는데

유일하게 넘나들며 경계가 익숙해진다는 것
차라리 신비로움이 사라져
수평선 밖에서도 수습할 수 없는 일대의 파란(波瀾)이다.

---

*원담 : 제주 해안에 돌을 쌓아 물고기를 잡을 수 있도록 만든 돌 그물.

해무에 대하여

지독한 침묵으로 묶여 있었다
물어뜯고 싶을 만큼 비루하지는 않았다
가난했던 바다는 노동을 멈추고 바라만 보았다
한순간도 벗어나지 못한 삶이었기에
무엇 하나 버릴 수도 없었지만
실금처럼 비집고 들어온 햇살이
그의 발가락을 간지럼 태웠다
오글거리는 손발
속으로는 뭉근히 끓고 있었을 것이다
바다가 빠져나오려고 치켜뜬 눈으로
애간장이 타고 있다
가로막힐수록 그 호흡은 점점 깊어져만 가고
끈질기게 발버둥을 쳐대자
가까스로
뭉쳐 있듯이 감싸고 있는 것들이 하늘거렸다
어디로 가는지 한마디 귀띔도 없이
홀가분하게 내려놓고 있는 저 순수한 몰락,
조용히 빛났다.

푸른바다거북

촘촘한 그물에 걸렸다가
한참 만에 바다로 되돌아가는 길입니다
문득 혼자서 갈 수 없는 길이라 여겨졌지만
물의 냄새를 기억하고 의지해봅니다
출렁이는 기운이 온몸을 감싸자마자
살아 있어야 하는 까닭을 알 수 있었습니다
슬슬 네 다리로 헤엄치며
몸의 수평을 만들어 가는데
탯줄 같은 생(生)의 어머니는 보이질 않았습니다
순탄치 않은 저 경지를
어떻게 뛰어넘을 수 있을지 고민입니다
바다와 육지를 구분하는 머리와
아주 작은 것과 큰 것 사이에 물이 있듯이
절대 깨지지 않을 등딱지의 힘으로
살아 움직이는 것이라면
바다는 나에 대한 지극한 은유,
아무것도 지배하지 않은 채
늙을 때까지 다 살 수 없는 운명일지라도

바닷속 먹구름을 흩어놓으려 합니다
언젠가는 어머니의 숨결로 다시 환생하고
내 안에 있는 고요를 풀어놓는 그 순간까지.

다려도의 밤

춥고 흐린 날
죄목도 알 수 없는 애기무덤에 찾아갔다가
당신의 그림자를 밟으며
저 섬으로 가는 것은 슬픈 일이다
물결이 건네주는 화두에
정자(亭子)를 지어놓고 붙박이처럼 앉아서
골똘히 생각에 빠져 있는 섬
축 처진 눈가에
그렁그렁 눈물이 맺힌 채
날아든 수백의 원앙도 볼 새 없이
북서풍에 머리를 조아리고 있다
별도 뜨지 않은 밤
몽롱한 어둠 속에서 쓴소리하는
어미 고둥의 말뜻은 알 듯 모를 듯하고
당신의 손을 잡아줄 수 없어서
서러운 영혼이 스쳐 지나갈 때마다
스스로 작심하고 자맥질을 하기 위해
밤바다에 온몸을 내던지고 있는 섬,

날이 밝으면 해초 너머로 차오르는
그 얼굴의 안광(眼光)이 더 깊어질 것이다.

聖스러운 순간에

광이오름의 멧비둘기가
높이 자란 풀숲에서 하늘길 열어
수평선에 마침표를 콕 찍고

젊은 남자가 어깨의 힘을 빌려
고로쇠나무로부터 물세례를 받는 사이

사나웠던 섬의 정적(靜寂)
다 울지 못한 울음,
그 바닷물을 푹 고아 소금을 굽고 있다.

수선화 슈퍼

열무국수도 말아 판다는, 수선화 슈퍼

태풍이 올라오던 날
어떻게 그곳까지 갔는지 희미하지만
수선화가 다 피고 진 지도 오래였지만

사람들은 하나 둘 빗속을 뚫고
막걸리와 부식거리를 사러 왔다 돌아가며
또 다른 빗줄기가 되어 가는데
그 뒷모습이 푸른 꽃줄기다

하늘 담장 아래 젖은 채 서성거리다
흐드러지고 있는 저기, 저
사람꽃을 한 번쯤 불러 세우고 싶은.

바람 속으로

그의 넓어진 이마는 제철에 불어대는 바람 탓이었다
아무리 뜯어보아도
그는 배고픈 자가 아니라
아픔의 편식을 기억하는 목마른 자였다

새우 철이었던 그 언젠가 어시장 식당에서
펄떡거리는 새우가 뜨거움을 밟고 춤추다가
갑자기 튀어 올라 그의 뺨을 때리는 듯했는데도
그는 바람을 탔던 시간이라고 믿는 눈치였다

그래도
원조의 맛을 찾아 나설 때는 웃음이 터져 나오고
어머니의 냄새를 맡기 위해 팔을 걷어붙이기도 했지만,
살아 있는 옛 맛을 입 안에서 녹듯이 씹다가
어느 날은 정신을 놓고 꺽꺽 소리를 내며 눈물을 흘려댔다

다시 바람을 기다리는 수혈의 자리

살아내는 동안 눈꺼풀에 쌓인 먼지를 털어내듯이
새벽하늘을 겉핥지 않고 바라보았던 날들처럼
삶의 반이라도 겸허히 흘려보내고 싶었는지도 모른다

바람 타는 그의 몸을 휘젓다 서편으로 기우는
저 허공의 짠한 맛, 어느새
그도 앙상한 채 바람의 그림자가 되어가고 있었다.

연정을 품다

해안에서 연정을 품다 굳어버린 사내를 보았다

까마득한 먼 옛날 화산 폭발이 솟구쳤을 때
바다로 달려가 안기고 싶었지만
어마어마한 구멍에서 그 사랑이 흘러나왔지만
깜박 잠든 사이 오른팔을 길게 뻗은 모양으로
바다, 그녀의 얼굴을 살짝 만지고 있는 저 검은 암석

한 발짝도 더 뻗어 나가지 못하는 저 죽음은
거꾸로 뒤돌아보아도 숨 쉬는 듯하다
검게 타들어 간 저 팔뚝 위로 움트는 것
눈물겹게 파릇파릇한 것들이
바다를 향해 들을 수 없는 노래를 부르고 있다

모른 척하던 그녀의 입술이 반쯤 벌어진 채
어제처럼 속내를 드러내지 않고 있는 기막힌 사연은
몸속에 고이 깃들어 있는 오래된 상처 때문이리라
아, 귓가로 흘러들어오는 저 나지막한 소리

그것은 연정을 품은 침묵,
젖어오며 번져가던 축축한 침묵일 것이다.

무인등대 앞에서

암초에 단단히 뿌리를 박고 살았다
어쩌다 누군가가 대뜸
불빛 한 점으로 살아오지 않았느냐고 물어오면
그는 머리를 긁으며
물길을 굽어보다 수평선을 오래도록 쳐다봤다
물결의 잔잔한 말들을 뒤로하고
아무나 해독할 수 없는 고독으로부터
처음의 마음을 다잡아
먼 바다로 나갔다가 되돌아오고 있는 것이었다
그는 한동안 말을 잊고 지냈지만
뱃길을 이탈하는 뗏목들 때문에
가끔씩 발밑이 더 무섭다고 실토하기도 했다
언제부터인가 그의 불안한 심정은
좌초의 순간까지 끌어안는 한 가닥 희망처럼
밤마다 숙명으로 변해갔고
이제 홀로 작은 섬이 되겠다는 그에게서
나는,
고독을 받아들이는 법을 배우려 한다

물결 앞에서 그 도리를 깨우치는 시간
깨어 있는 눈으로 죽음 같은 공포를 지우며
끝끝내 돌아올 때까지
홀로 있지 않은 곳에, 서 있을 것이다.

파랑

이곳 바닷가 기슭에서
머리칼의 기억을 풀어헤치며
늙지도 않는 당신의 서문(序文)을 꺼내 읽는다
밀려왔다 쓸려가며
넘나들었던 숱한 피멍의 숨소리가 들려오는
저 격정의 세계에
발가벗고 뛰어드는 아이들의
새파랗게 질린 얼굴
늘 푸름이 바탕이라서 늙을 것 같지가 않다
바다와 하늘이 하나가 되던 날,
말없이 등을 다독이며 돌아섰던 난바다
영영 돌아갈 길이 보이지 않는다며
억겁의 창문을 열고 뜨겁게 밀려들고 있다
한순간도 멈추지 않을 태세다.

해설

타자에로의 미메시스와 현현하는 삶의 이미지

이성혁 문학평론가

1.

신자유주의를 살아가고 있는 한국의 현대인들은 모더니티의 강압에 떠밀려 살아가고 있다. 모더니티에 떠밀린 삶이란 경쟁에서 이기기 위해 타자를 도구화해야 하는 삶을 의미한다. 한국에서의 신자유주의는 이러한 삶을 극단화했다. 신자유주의 사회의 경쟁에서 밀려난 사람들은 살 가치가 없다. 신자유주의의 삶 권력은 그렇게 실패한 삶을 내팽개쳐버린다. 한국에서 늘어나는 숱한 자살자와 노숙자들은 이를 극명하게 드러낸다. 이러한 모더니티가 관철되는 사회에서의 사람들은 자연을 비롯한 타자를 도구화하고 결국 자기 자신의 삶마저도 도구화하도록 강요된다. 이 사회를 살아가는 사람들의 삶은 아름다움과 멀어

졌고 연대의 윤리는 사라졌으며 생존을 위한 악다구니만 남게 되었다. 한국 사회의 이러한 스산한 현재의 모습에서 한국시는 어떤 의미를 가질 수 있을까? 가늠하기 힘들다. 적어도 현재 한국의 서정시는 모더니티의 수레바퀴와 거리를 두면서 존재하고자 한다는 점은 분명하게 말할 수 있을 것 같다.

현대 서정시는 모더니티의 폭력에 저항하기 위해 자본의 논리가 지배하고 있는 사회에서 탈주하고자 하는 전통을 가지고 있다. 이 전통이 현대 서정시의 모더니티라고 할 것인데, 한편으로 그러한 탈주의 일환으로, 현대 서정시는 타자를 동일성의 논리에 가두어 도구화하는 것이 아니라 타자의 타자성을 보존하면서 그에 미메시스하고자 했다. 한마디로 현대 서정시는 모더니티 사회의 주류적인 흐름에 저항하고 동일성의 체에 걸러지지 않는 세계의 존재성을 미메시스의 방법으로 드러내 왔다. 모든 현대시가 이렇다는 것은 아니나, 적어도 이러한 기획이 현대 서정시의 주요한 맥을 형성했다는 것은 분명하다. 이러한 기획은 서정시인 나름대로의 개성을 통해 실행되었으며, 그래서 다양한 양태의 현대 서정시가 창작되었다고 할 수 있겠다.

한승엽 시인이 두 번째 상재한 시집 『별빛극장』 역시 현대 서정시의 전통을 전형적이면서 개성적인 양태로 드러냈다고 판단된다. 그의 시집은 이 한국 사회의 신자유주의 권력에 의해 배제된 사람들에 시적 조명을 비추기도 하고, 자연과의 미메시스를 통해 자연의 타자성을 되살리기도 하면서, 동일화와 배제를 통해 작동되는 모더니티에 대한 시적 저항을 보여주고 있는 것이다.

  그런데 중요한 현대 시인들이 그렇듯이, 한승엽 시인 역시 그 자신만의 시작(詩作) 방법론과 세계인식을 통해 현대 서정시의 전통을 새로운 양태로 보여준다. 한승엽의 시작은 애니미즘적인 시적 세계 인식과 미메시스적인 방법을 통해 이루어지고 있는데, 아래의 시는 이러한 인식과 방법을 잘 보여주고 있다고 생각된다.

    이곳 바닷가 기슭에서
    머리칼의 기억을 풀어헤치며
    늙지도 않는 당신의 서문(序文)을 꺼내 읽는다
    밀려왔다 쓸려가며
    넘나들었던 숱한 피멍의 숨소리가 들려오는
    저 격정의 세계에
    발가벗고 뛰어드는 아이들의
    새파랗게 질린 얼굴
    늘 푸름이 바탕이라서 늙을 것 같지가 않다
    바다와 하늘이 하나가 되던 날,
    말없이 등을 다독이며 돌아섰던 난바다
    영영 돌아갈 길이 보이지 않는다며
    억겁의 창문을 열고 뜨겁게 밀려들고 있다
    한순간도 멈추지 않을 태세다.

―「파랑」 전문

　「파랑」은 이 시집의 맨 끝에 실려 있는 시로서 시집 전체에 전개된 시세계를 마무리하고 있다고 해도 무방할 것이다. 이 시는 이 시집에서 전개된 시적 고투가 도달한 어떤 지점을 드러내고, 그 고투가 펼쳐낸 세계를 요약하고 있다. 위의 시의 서정적 주체는 눈앞에 펼쳐진 세계에 미메시스 되면서 그 세계를 움직이고 있는 영혼(anima)을 포착한다. 미메시스란 모방(imitation)이나 재현이 아니다. 그것은 대상에 대한 몰입을 통한 '되기'이다. '되기'는 바라보는 주체의 시선을 통해 대상을 주체와 동일화시키는 조작이 아니다. 미메시스를 통한 '되기'란, 연인 사이에서 일어나듯이 상대방의 영혼과의 어우러짐이 일어나면서 주체가 변화되는 사건이다. 사랑에 빠진 나는 연인에게 몰입하고 그 연인과 닮아가면서 변화해간다. 연인의 타자성은 나와 동일화되지 않는다. 연인은 타자로서의 신비성을 잃지 않고 내 앞에 존재한다. 그런데 한승엽 시인이 마주보고 있는 저 '파랑'의 바다 역시 연인과 같은 타자로서 현현하고 있는 것이다. 저 바다에서 "늙지도 않는 당신의 서문(序文)을 읽는다"는 것, 그것이 이 시에서 시인이 행하고 있는 미메시스다.

　당신-바다에 대한 기억이 지금 여전히 푸르게 눈앞에 있는 당신의 모습과 겹쳐진다. 사랑했던 연인을 먼 훗날 만났을 때와 같이 말이다. 당신에 대한 기억은 저 '난바다'가 "말없이 등을 다독이며 돌아섰던" 모습으로 남아 있다. 하지만 현재 늙지도 않은 저 바다는 "영영 돌아갈 길이 보이지 않는다며/억겁의 창문을 열고 뜨겁게" 시인 앞으로 밀려들고 있는 것이다. 바다의 모습에서 마치 연인의 영혼을 읽듯이 바다의 영혼을 읽는다는 것, 이 일이 바다에 미메시스 되면서 저 바다의 타자성을 드러내는 일이라고 할 것이다. 바다는 주체에 종속되는 것이 아니라 "숱한 피멍의 숨소리"를 통해 자신의 '격정'적인 영혼을 드러내며 스스로 존재한다. 이 존재를 읽으면서 그에 미메시스 되고 있는 이 시의 서정적 주체는, 저 바다 속으로 "발가벗고 뛰어드는 아이들"처럼 "새파랗게 질린 얼굴"로 변이되어갈 테다. 서정적 주체 역시 저 '파랑'의 격정적인 세계처럼 새파란 존재로 되어가는 것이다.

2.

이 시집에는 신자유주의의 권력으로부터 배제된 사람들에 대해 시적 조명을 비추는 시들이 적지 않다. 그만큼 한승엽 시인은 이 세계의 폭력을 잘 알고 있는 것으로 보이며, 그 폭력에 의해 '쓰레기의 삶'이 되어버리고 있는 이들을 시를 통해서라도 드러내야 한다는 의무감을 가지고 있는 듯하다. 모더니티의 폭력에 의해 지워진 타자를 현현시키는 것, 그것이 또한 현대 예술가들의 의무이기도 하다. 한승엽 시인은 이러한 현대 예술가로서의 의무를 이해하고 있으며 이행하고자 한다. 그래서 그는 도시 중앙에서 쫓겨나 도시의 후미진 곳에서 살아야만 하는 이들을 다수의 시편에서 조명하여 묘사하고 있는 것이다. 가령 「어떤 독거」라는 시는 "처진 목살이며 허기로 채워진 불룩한 배"를 하고 있는, "무허가 쪽방"에 거주하고 있는 독거노인을 묘사한다. 한승엽 시인은 그 노인으로부터 "어른벌레처럼 허연 알을 뿌리고/온몸을 낙엽으로 덮으려" 하는 이미지를 상상하여 독자에게 제시한다. 이를 보면, 시인은 그 시에서 독거노인을 건조하게 묘사만 하고 있는 것처럼 보이지만, 노인의 현재 삶을 응축하고 있는 이미지를 창출함으로써 건조한 묘사를 넘어서고 있는 것이다.

  연고 없는 어떤 이의 죽음을 제시하고 있는 아래의 시 역시 건조한 묘사를 넘어서는 깊이 있는 이미지를 보여준다. 이 이미지는 모더니티에 의해 폐기되어버린 삶에 그래도 남아 있는 어떤 존엄성을 드러내고 있는 것이다.

> 겨울비 쏟아지는 골목 귀퉁이에
> 그 사내는 하늘을 향해 반듯이 누워 있었다
> 슬픔도 닫혀버린, 그의 빈집은
> 오히려 영하의 날씨에도 문이 열려 있는 채
> 생(生)을 통과하지 못한 독촉 우편물들이

적나라한 이승의 행적을 따라가며 쌓여 있었지만
유일하게 연고를 알 수 있는 것은 지문뿐,
어렵사리 연락이 닿은 혈육은
왕래가 끊긴 무덤덤한 세월의 덕에
아무런 정도 남아 있지 않아 거둘 수 없었고
곧바로 화장터로 가는 길
한 그릇의 눈물비빔밥도 없이
막다른 길을 빠져나오는 동안
먹자골목의 간판이 하나씩 조등처럼 켜지는데
기웃거리는 묵념조차 없고
쓸쓸함을 감추려고 입술 깨물던 하늘이
그의 누런 뺨을 젖은 손으로 어루만지고 있다
견고했던 동네로부터 진동하는 균열의 냄새
알 수 없는 그 무엇이 첫울음처럼 터져 나왔다.
—「무연고의 탄생」 전문

  아무도 찾아오지 않는 이의 죽음. 그에게 온 우편물이란 돈 내라는 독촉 우편물밖에 없다. 아이러니하게도 그 쌓여 있는 우편물만이 그이의 "적나라한 이승의 행적"을 보여준다. 아무도 그를 찾지 않고 그에게 관심도 갖지 않은 삶, 그 고독한 행적을 말이다. 혈육마저도 죽은 그를 거두지 않는다. 그래서 그는 "기웃거리는 묵념조차 없"이 "곧바로 화장터"로 가야 했을 뿐이다. 그가 무연고였음이 그의 죽음을 통해, 그리고 저 독촉 우편물을 통해 드러난다. 달리 말하면 그의 죽음은 무연고의 탄생이기도 하다. 하지만 그렇게 버려진 주검일지라도, "그의 누런 뺨을 젖은 손으로 어루만지고 있"는 하늘은 존재하고 있는 것이다. 하늘은 그 주검을 어루만짐으로써, 저 아무런 슬픔이나 애도도 가져오지 않는 죽음, 그냥 쓰레기 버려지듯이 화장되는 저 죽음이 그래도 어떤 존엄함 삶을 품고 있었다는 것을 드러낸다. 그리고 드러냄은 배제된 자의 삶에 대한 존엄성이라고는 눈곱만치도 생각하지 않게 된 이 "견고했던 동네"에 "균열의 냄새"를 진동시키기 시작한다. 그 균열은 이 무정해진 세계의 존재 근거에서 형성되는 것, 그리하여 그 균열의 틈으로부터 삶이 상실된 세계에 대한 "알 수 없는 그 무엇"의 슬픔이 "첫울음처럼 터져 나"오게 될 것이다.

세상에서 가장 쓸쓸하고 고독하게 살아가다가 세상을 떠나는 이들에게 그들보다는 나은 삶을 살고 있을 시인이 시적 촉수를 뻗치는 것은 그들의 이미지가 그의 뇌리에 강한 인상을 찍기 때문이다. 시인은 저들의 폐기된 삶이 드러내는 이미지를 그냥 지나쳐버리지 못한다. 「재수 좋은 날」이란 시를 보자. 시인은 '해동 용궁사'에서 어떤 깨달음을 얻을까 소요하고 있는데, 결국 그의 눈과 마주친 것은 "잘린 하반신을 검은 고무타이어에 씌우고/세상 바닥을 질질 끌고 다니며/뽕짝 메들리를 틀고 있는 사내"의 눈이다. 그런데 시인은 그 사내의 처지에 동정심이나 죄의식을 가지는 건 아니다. 그 사내로부터 시인은 "굽힘에서 더 나아가 엎드려야 보이는 것"을 생각하는 것이다. 즉 시인은 세상으로부터 버려진 장애인의 눈을 마주 보면서 엎드리고 살아야만 하는 이의 삶에 미메시스 되기 시작한다. 저 독거노인이나 무연고의 망자에 대한 묘사 역시, 시인이 그들의 삶에 연민이나 동정을 보내기 위해서라기보다는, 그들이 드러내는 비참의 이미지에 그가 미메시스 되기 때문일 것이다. 그런데 아래의 시를 보면, 시인은 꼭 비참의 이미지가 아닐지라도 기억의 이미지와 닿아 있는 존재자들에 미메시스 되면서 어떤 혼란 상태에 빠지곤 했던 모양이다.

> 엎드린 밤하늘에서 별을 만지다가
> 월경(越境)하듯 지하계단으로 빠져 들어가는 나를
> 또 다른 내가 붙잡지 못한다
> 폐장이 가까워졌지만 동선을 꿰뚫고 있는 발끝에
> 우연을 가장한 전생이 있을 법하다
> 깊이 잠들지 못하는 쇼윈도에서
> 시린 불빛 몇 점 나지막이 비쳐 나오고
> 원죄를 깨닫게 해주던 마네킹이 등 뒤에 따라붙는다
> 수선집 앞에서 해진 마음을 박음질하자
> 어린애가 신어 보았던 꽃신이 아장아장 걸어 나오고
> 절정에 다다른 가난이 눈물의 세일을 하는 동안
> 나는 어딘가에 있을 땅심을 찾아 두리번거렸지만
> 그 어디에도 없는, 충동의 몸짓에 불과하였다

> 나는 영문도 모른 채 나에게서 빠져나오지 못하고
> 지상의 위험수위를 가늠할 수조차 없어
> 머리끝으로 신열이 번져 가는데
> 하루를 끌고 왔던 검은 새 한 마리
> 걸려 있는 블라우스에서 몰래 실밥을 쪼아 먹다가
> 시커멓게 아가리를 벌리고 있는 입구를 향해
> 잽싸게 파드닥거리며 날아가 버린다
> 나는 떨어진 깃털, 지폐 한 장을 손에 움켜쥔 채
> 끝 모를 기다림으로 빠져나올 수 없는 길에서
> 지상의 밤하늘을 하염없이 쳐다보았다
> 이곳은 끝내 잠들지 못하는 미궁의 시간이다.
> ―「지하상가를 지나며」 전문

위의 시에 따르면, 시인은 "엎드린 밤하늘에서 별을 만지"곤 했던 시적 인간이었지만, 지금의 '나'는 그러한 '나'를 지하계단에서 잃어버린 상태다. 지하상가는 도시적 삶의 전형적인 현장이다. 하지만 한편으로 그곳은 가난한 시인이 유년을 보냈던 장소였던 것 같기도 하다. 그렇기에 시인은 별을 만졌던 예전의 나를 그 장소에서 찾길 기대하면서 돌아다니는 것 아니겠는가. "우연을 가장"하여, 그 전생과 만날 수 있기를 기대하면서 말이다. 그런데 흥미로운 일은 '나'의 뿌리일 그 '땅심'인 유년의 나를 두리번거리지만 찾지는 못한 채로, 그는 그 상가로부터 벗어나지를 못하고 있는 것이다. 다시 말하면 나는 또 다른 나를 그

상가에서 찾아내 붙잡지 못한 채로 그 내가 있을 상가 안을 계속 헤매게 되는 것, 그렇기에 시인은 "나는 영문도 모른 채 나에게서 빠져나오지 못하고" 있다고 말하는 것이다.

하지만 시인은 이 상가를 헤매면서 기억에 남아 있는 유년의 이미지—"아장아장 걸어 나오"는 "어린애가 신어 보았던 꽃신"의 이미지를 보라—와 만나게 되고 그에 미메시스 되기 시작한다. "수선집 앞에서 해진 마음을 박음질하"는 시인의 모습이 바로 그러한 미메시스를 보여준다. 상가 수선집에서의 기억 이미지들에 마음을 박음질하며 이루어지는 그 미메시스는 기성의 시인의 주체성을 더욱 변용시키면서 시인의 "머리끝으로 신열이 번져 가"도록 할 것이다. 미메시스란 이미 구성되어 있는 주체성을 안으로부터 와해시키면서 이루어지는 것이다. 「구덩이」란 시는 이러한 미메시스의 특징을 잘 보여준다. 그 시에서 시인은 파헤쳐져 나뭇잎을 떨어뜨리며 덤프트럭에 실려 가는 나무와 미메시스 되면서 밀려오는 '커다란 미망(未忘)'에 어쩔 줄 몰라 한다. 시인의 "슬픈 과거를 지배"하곤 했던, 파헤치기 이전에는 그 "처처에 윤기"가 났던 잎들. 그 나무의 잎들이 트럭에 실려 우수수 떨어지면서 '퍽퍽한 인도(人道)' 같은 시인의 마음을 적시고는, "어둠이 나를 마음껏 뒤덮"기 시작하는 것이다.

이렇듯 어떤 대상과의 미메시스가 이루어지면서 시인은 미망과 신열로 마음이 어둡게 되고 머리가 어지럽게 되는데, 「지하상가를 지나며」에서 그는 결국 환각적인 이미지를 보기에 이른다. "블라우스에서 몰래 실밥을 쪼아 먹"는 "검은 새 한 마리"가 "시커멓게 아가리를 벌리고 있는 입구를 향해/잽싸게 파드닥거리며 날아가 버린다"는 이미지. 그 한 마리 검은 새는 시인이 그토록 찾던, 별을 만질 수 있었던 또 다른 '나'였을지도 모르겠다. 여하튼 시인은 검은 새가 지하상가를 빠져나간 구멍으로 "지상의 밤하늘을 하염없이 쳐다보"면서 그 새가 떨어뜨린 "깃털, 지폐 한 장을 손에 움켜쥔 채" 여전히 "끝 모를 기다림으로 빠져나올 수 없는 길"에 서게 된다. 별을 만질 수 있었던 능력을 잃어버린 현대인으로서의 시인, 그는 그렇게 "끝내 잠들지 못하는 미궁의 시간"을 살아나가야 한다. 그는 잃어버린 '나'에 갇힌 채, 출구를 찾지 못하고 이 지하상가―모더니티의 미로를 헤매야 한다. 하지만 그러한 '미궁'에서의 방황을 통해 시인이 출구로 날아가는 검은 새를 발견할 수 있었다는 점에 주목해야 한다. 시인은 절망 속에서 절망을 품고 있는 무엇인가가 비상한다는 것을 놓치지 않는다. 하늘이 혈육 한 명 찾아오지 않는 어떤 무연고의 망자의 뺨을 젖은 손으로 어루만지고 있음을 포착했듯이 말이다.

3.

위에서 읽어본 바에 따르면, 시인은 어떤 비참한 상황에 대한 묘사와 함께 그 상황으로부터 솟아오르는 무엇인가를 붙잡아 이미지화하려고 한다. 「무연고의 탄생」에 등장하는 망자의 장례식을 보여주고 있는 것처럼 보이는 「양지공원에서」에서도, 시인은 그러한 이미지를 창출하고 있다. 이 시에서 그는 "삼시 세끼 먹기를 바라던 곡진한 생(生)이 유품으로 남겨놓은 것이 고작 한 줄기 연기뿐"인 어떤 사람의 죽음을 구름의 죽음으로 유추(analogy)하여 보여준다.(이러한 아날로지는 이 시집에서 자주 만날 수 있다) "그의 가벼움이, 더 큰 가벼움을 잉태하고 있는 하늘의 태반에서 솜털처럼 하얗게 웃고 있"듯이, 먹구름이 되어 눈물 같은 비로 내려 죽어야 했던 구름은 "비 갠 뒤의 파룻한 아침"에 다시 하얗게 태어날 수 있는 것이다. 그와 마찬가지로, 무연고의 망자 역시 흰 연기로 화하면서 다시 태어날 수 있으리라는 것을 「양지공원에서」는 보여주는 것이다. 삶과 죽음에서 일어나는 그러한 비월(飛越)의 순간을 아래의 시는 선명하게 보여준다.

    피켓 하나 들고
    1인 시위하던 늙수레한 사내가
    반 평 남짓
    크나큰 우주의 천막 속으로
    거침없이 빨려 들어가더니
    튼실했던 두 다리를

길게
더 길게 뻗으며,
남몰래
붉어진 눈가를 문지르는 중이다.

―「해질녘」 전문

「해질녘」은 이 시집의 맨 앞에 실려 있는 시다. 이 시를 시집의 맨 앞에 배치한 것은 이유가 있을 것이다. 시집의 서두에 실린 시는 일종의 책의 서문 역할을 하는 경우가 적지 않다. 위의 시도 어쩌면 이 시집이 전개할 시세계를 압축적으로 보여주고 있는지 모른다. 그렇다면 위의 시에서 압축적으로 제시된 시세계란 어떤 것일까? 위의 시는 "남몰래/붉어진 눈가를 문"질러야 했던, 억울함과 분노 때문에 1인 시위를 해야 했던 '늙수레한 사내'를 묘사하면서, 그가 "크나큰 우주의 천막 속으로/거침없이 빨려 들어가"는 시적 순간을 포착하고 있다. 다시 말하면, 위의 시는 사회로부터 배제되어 외롭게 살아가고 투쟁해야 하는 어떤 삶을 압축적으로 드러내면서, 그와 동시에 그 삶으로부터 일어나는 어떤 비월을 드러내고 있는 것이다. 묘사와 더불어 삶의 비월이 일어나는 시적 순간을 포착하고 이미지화하는 시작법을 위의 시는 보여준다고 하겠는데, 그러한 작법이 이 시집에서의 시인의 시작(詩作)을 이끄는 중요한 방법론임을 우리는 위의 시를 통해 짐작해볼 수 있다. 그 비월의 순간에 현현하는 이미지에 대해 아름다움이라고 말할 수 있을 터, 그것은 초월적인 무엇이라기보다는 다음과 같이 사람들의 일상으로부터 솟아나는 것이다.

> 열무국수도 말아 판다는, 수선화 슈퍼
>
> 태풍이 올라오던 날
> 어떻게 그곳까지 갔는지 희미하지만
> 수선화가 다 피고 진 지도 오래였지만
>
> 사람들은 하나 둘 빗속을 뚫고
> 막걸리와 부식거리를 사러 왔다 돌아가며
> 또 다른 빗줄기가 되어 가는데
> 그 뒷모습이 푸른 꽃줄기다
>
> 하늘 담장 아래 젖은 채 서성거리다
> 흐드러지고 있는 저기, 저
> 사람꽃을 한 번쯤 불러 세우고 싶은.
> ―「수선화 슈퍼」 전문

태풍이 올라오는 와중에 막걸리를 사 들고 돌아가는 사람들의 뒷모습에서 시인은 또 다른 빗줄기, 더 나아가 '푸른 꽃줄기'를 발견한다. 비 온다고 막걸리와 부식거리를 사는 사람들의 소소한 마음과 그러한 평범한 사람들의 생활로부터 아름다움이 떠오르는 것을 드러내는 것이 이 시집이 보여주는 시법(詩法)이다. 이러한 일상이 가끔씩 보여주는 아름다움의 장면은 「너무나 기록적인」이라는 시에서도 볼 수 있다. 그 시에서 "기록적인 폭우 속을 달리던" 어떤 버스의 운전기사는 버스를 멈추고 버스에서 내리고는, "반대편 차로로 쏜살같이 뛰어 들어" 간다. 폐지를 가득 실은 수레를 끌고 가다가 고갯길을 좀처럼 넘지 못하는 어느 '꼬부랑 할머니'를 도와주기 위해서다. 시인은 운전기사의 도움을 받은 할머니가 "버스가 멀리 사라질 때까지" "젖고 젖은 손을 흔들어댔"다는 기록을 남기면서, 이 장면을 보고 있는 "승객들의 눈에선/폭우를 잠재우듯 연꽃이라도 피었을 것이다"라고 말한다. 남을 돕고자 하는 마음이 잠시 피어났던 저 장면의 아름다움을 연꽃의 상징으로 시인은 표현했던 것, 그렇게 시인은 이 시집에서 사람들의 생활에서 현현하곤 하는 아름다움을 꽃과 같은 자연물로 상징하는 시법을 사용하곤 한다.

또한 시인은 자연 역시 사람들이 살아가는 생활을 사는 듯이 묘사하고 있기도 하다. 즉 그는 사람과 자연 사이의 경계를 무화시키려고 한다. 이 무화는 사람과 자연이 상호 미메시스 되면서 이루어질 것인데, 가령 「할망바당」은 사람과 자연이 상호 미메시스 되면서 그 둘 사이의 경계가 무화되고 서로 뒤섞이는 상황을 세밀하게 묘사하고 있는 시라고 생각된다.

그녀와 자연은 육체적으로 뒤섞이게 되고, 이때 그녀는 비로소 기억의 물결을 타면서 물결 너머의 경계에 있을 저 삶의 '끝자락'에 도달할 수 있게 되는 것이다. 이에 대해서, 할머니 해녀들은 물결에의 미메시스를 통해 기억의 물결을 헤엄치게 된 것이라고도 말할 수 있을 것이다. 이 미메시스는 한편으로, "갯바위 틈에 모로 누운 채 살아 있"는 '거북손'이 "삼삼오오 불턱에 모여들어/언 몸이라도 녹이"고 있는 해녀들의 손에 미메시스 되는 상황과 연결된다. 한승엽 시인의 상상력에서는 인간이 자연에 미메시스 되는 상황만이 아니라 자연이 인간에 미메시스 되는 상황 역시 가능한 것이다. 아니 아마도 미메시스란 이러한 상호적인 '되기'를 통해서만 이루어지는 것일 수도 있다.

자연이 인간에 미메시스 된다는 상상의 세계에서는, 자연이 영혼을 갖고 인간처럼 사는 애니미즘이 펼쳐지게 된다. 가령 「다시, 섬」에서는 "불혹을 훌쩍 넘긴 섬"이 등장한다. 그 섬은 "육지에서의 빠듯한 생활을 접고/억울함과 배반의 삶도 다 잊고/시속(時俗)을 버린 까막눈이 되어/돌아앉아 울고 있"다. 그렇게 고독히 앉아 있는 그 섬은 물결만이 "영락없이 한 식구"여서 "정좌하고 물결과 겸상을" 하며 살아간다. 시인은 용암이 굳어 생긴 어떤 '검은 암석'에서 "바다로 달려가 안기"고 싶어 하는 "연정을 품다 굳어버린 사내를 보"(「연정을 품다」)기도 한다. "오른팔을 길게 뻗은 모양"을 하고 있는 그 암석은 죽어서도 여전히 "바다를 향해 들을 수 없는 노래를 부르고 있"(같은 시)는 중이다. 「해무에 대하여」에서는 바다 역시 인간화 되어 나타나기도 한다. 지독한 침묵으로 묶여 있었"던 "가난했던 바다는 노동을 멈추고 바라만 보았다"는 표현을 보라. 더 나아가 그 바다는 '해무'로 나타나는 그 침묵으로부터 "빠져나오려고 치켜뜬 눈으로" "끈질기게 발버둥을 쳐대"고 있는 것이다. 이러한 자연의 인간화는 인간의 자연화와 맞물려 있는 것인데, 이 애니미즘적인 상상이 가능한 것은 자연과 인간의 친화에 대한 시인의 믿음이 있기 때문이다.

4.

앞에서 보았듯이, 시인은 인간의 소박하고 선한 마음에서 꽃의 아름다움을 발견한 바 있었다. 시인에 따르면, 인간은 자연의 아름다움을 지니고 있는 것이며, 이에 자연 역시 인간의 삶을 닮을 수 있다. 자연 현상이 인간의 삶과 유추되면서 자연과 인간이 아름답게 융화되는 장이 형상화되는 시가 바로 표제작인 「별빛극장」이다.

> 그들은 모두 은막의 스크린 속에 살고 있다
> 개봉과 동시에 입소문이 퍼지면서
> 사람들은 하나 둘 전깃불이 없는 오지로 찾아들어가

죄가 없는 별이 되기를 소망했다
그들은 간간이 별을 닮으려는 이들에게
발달장애를 앓는 어린별의 슬픔 꿈과
갑자기 퇴출당한 별똥별의 이야기를 들려주었을 뿐
도무지 그들의 정체를 아는 이는 없었다
가장 어두운 이야기로부터 궤도를 이탈하려는 순간,
은하의 지평에서 밝아오는 새벽
주위는 어두웠지만 외롭게 빛나는 직녀별이
조간신문에 끼어 있는 마트 전단지를 펼쳐놓고
저녁상 차릴 궁리를 하고 있다
언제나 그녀는 낯설어 보이는 길 위에서도
권태를 모른 채 기다림의 서책을 반짝반짝 읽곤 했다
때론 눈먼 아들을 위한 어느 뒷마당의 치성에
소리 소문 없이 등장하는 그들의 조용한 빛
한자리를 지켜온 고향마을 어귀의 외등(外燈) 같았다
그 속살들이 클로즈업되어 장막에 갇힐 무렵
어둠자락을 뚫고 별빛 한 점 내비친다
아, 놓치고 싶지 않은 저 한 편의 뭉클한 명화(名畵).
―「별빛극장」 전문

 한승엽 시인의 애니미즘적인 세계에서는 별들 역시 인간처럼 생활한다. 그 생활의 장이 하늘이며, 별들의 삶을 가장 잘 보여주는 극장이 "전깃불이 없는 오지"의 밤하늘이다. 그래서 오지의 밤하늘은 '은막의 스크린'이고, 그 스크린 속에서 별들은 살아간다. 사람들은 별들의 삶을 보기 위해 "오지로 찾아들어가"는 것인데, 이는 "죄가 없는 별이 되기를 소망"하기 때문이다. 즉 그들은 "별을 닮으려"고, 별에 미메시스 되려고 저 오지의 극장으로 일부러 찾아가는 것이다. 그러나 그 별들이 보여주는 삶은 인간 사회에서와 같이 슬픔과 비참이다. "발달장애를 앓는 어린별의 슬픔"과 "갑자기 퇴출당한 별똥별의 이야기"와 같이 "가장 어두운 이야기" 말이다. 하지만 곧 새벽이 다가오고 직녀별이 "외롭게 빛나는" 장면을 사람들은 보게 되리라. 그 직녀별은 "눈먼 아들을 위"해 치성하고 "마트 전단지를 펼쳐놓고/저녁상 차릴 궁리를 하고 있"으면서도 "권태를 모른 채 기다림의 서책을 반짝반짝 읽곤 했"던, 우리 시대의 평범하고 슬픈 삶을 살아가는 어떤 여인의 삶을 살아가고 있는 존재다. 그러나 그 직녀별이야말로 "소리 소문 없이 등장"하여 "조용한 빛"을 세상에 펼친다. 시인에 따르면, 저 순하고 소박한 희망을 가지면서 사는, 그래서 슬프게 살 수밖에 없는 저 여인이야말로 이 어두운 세상 속에서 은은한 아름다움으로 빛나는 존재다.

이를 보면, 위의 시는 시인이 보고 있는 어떤 영화의 등장인물을 하늘의 별에 비유하고 있는 건지, 하늘의 별들을 어두운 사회에서 살아가는 인간들로 비유하고 있는 건지 그 경계가 모호하다. 이는 「할망바당」에서 보았듯이 인간 세계와 자연 세계의 경계가 상호 미메시스에 의해 지워지는 지대를 시인이 찾아내고 있기 때문에 이루어지는 것일 터, 저 오지의 밤하늘 아래에서 인간의 삶이 투영되면서 빛나는 별들과 그 별빛에 미메시스 되고 있는 인간은 아름답게 상호 융화되고 있는 것이다. 이러한 상호적인 미메시스 속에서 인간의 평범한 삶에서 아름다움의 빛이 발견되고 자연 역시 자신의 영혼을 드러낸다. 그리고 그 과정에서 삶은 비월하고 승화되면서 그 깊은 존재성을 드러낸다. 하여, 시인은 "간결하게 자라다가/압축된 그늘을 무한대로 퍼뜨릴 나무가 될" 씨앗으로부터 "우주의 살아 있는 사리(舍利)"(「씨앗論」)의 현현을 읽어내기에 이를 수 있게 되는 것이다.

그렇다면, 이 아날로지가 실현되는 이상적인 세계에서, 서정적 주체로서의 시인은 어디에 있는지 질문을 던지게 된다. 그는 '할망바당'이나 '별빛극장'에 시적 상상을 통해 가닿을 수 있겠지만, 그의 생활이 이루어지는 장은 그 세계로부터 멀리 떨어져 있을 테다. 그 세계는 유추가 이루어지는 애니미즘을 멸시하고 비웃는다. 그 세계는 도구적 합리성으로 무장하여 사람들을 경쟁의 낭떠러지로 떠민다. 그래서 그는 유년 시절에 살았던 아날로지의 세계를 그리워할 수밖에 없다. 근원의 세계를 그리워하는 시인의 삶은, 아래와 같이 바다로부터 끌려와 수조 속에 살면서 '제자리'로 돌아가고 싶어 하는 돌고래의 삶과 닮았다.

> 모두가 빠져나간 텅 빈 수조에서
> 물결을 넘나드는 것이 내게 주어진 운명이라면

형벌 같은 이 외로움은 언제든지 찾아올 수 있으므로
다시 제자리로 돌아가지 못하는 슬픔이
나의 출생비밀을 말하지 않은 탓이라는 짐작에
그 어떤 희망의 근거를 떠올리는 밤마다
손톱만 한 불빛이 어른거리는 무인등대를 찾아서
마치 물 위를 걷는 사람처럼 경이로운 몸놀림으로
더 멀리멀리 헤엄쳐 나가면 그곳에 안길 수 있을까요,
한나절 그리웠던 해녀들의 숨비소리가
아릿하게 들려오던 내 고향 바다
시퍼렇고 담대한 파도로부터 평생 벗어나지 않았던.
ㅡ「남방큰돌고래」 후반부

    수조에 갇혀 "물결을 넘나드는" 운명을 살면서 "다시 제자리로 돌아가지 못하는 슬픔"을 겪고 있는 돌고래는 "무인등대를 찾아서" "더 멀리멀리 헤엄쳐 나가" "해녀들의 숨비소리가/아릿하게 들려오던 내 고향 바다"에 안길 수 있기를 희망한다. 우리는 저 "해녀들의 숨비소리"를 「할망바당」에서 이미 만난 일이 있다. 그렇기에 돌고래의 '내 고향 바다'란 바로 시인의 고향 바다를 의미한다는 것을 쉽게 인지할 수 있는 일이다. 시인의 영혼은 저 돌고래처럼 수조에 갇혀 있는 것, 그렇기에 그 역시 돌고래처럼 아날로지가 살아 있던 바다의 세계로 회귀하고자 희망한다. 그곳은 "미처 손상되지 않은 수초의 꿈과/부유(浮遊)하며 살고 있는 바람꽃이 아직도 피고 있"는 "물 위의 생가(生

家), 그 적막"(「물 위의 생가(生家)」)이다. 그 '생가'로의 회귀를 위한 탈주가 현실화될 수 있기 위해서는 "손톱만 한 불빛이 어른거리는 무인등대"부터 찾아야 할 것이다. 삶의 근원으로 회귀하고자 하는 시인의 낭만적인 희망은 이루어질 수 없을지도 모른다. 하지만 삶은 그 희망을 향할 때 비로소 살 만한 것이 될 터, 그 희망으로 가기 위해 바다를 비출 불빛을 제공하는 영혼의 등대를 찾아가야 하는 것이다.

시인이 찾아낸 '무인등대'란 어떠한 곳일까?「무인등대 앞에서」는 그 물음에 답해주고 있다. 이 시에서도 '무인등대'는, 바다를 연모하다 굳어버린 '검은 암석'처럼 의인화되어 등장한다. "암초에 단단히 뿌리를 박고" 살아온 무인등대는 "아무나 해독할 수 없는 고독으로부터/처음의 마음을 다잡아/먼 바다로 나갔다가 되돌아오"곤 하는 존재다. 그런데 이 시에서 '나'는 "이제 홀로 작은 섬이 되겠다는 그에게서" "고독을 받아들이는 법을 배우려" 한다. 그 법이란 "깨어 있는 눈으로 죽음 같은 공포를 지우며" "끝끝내 돌아올 때까지/홀로 있지 않은 곳에, 서 있"으며 사는 것, 등대란 이렇듯 사는 법을 알려주는 빛을 시인에게 제공하는 존재인 것이다. 다시 말하면, 모더니티의 세계라는 수조에 갇혀 있지만, 먼 바다를 꿈꾸며 등대처럼 깨어 있는 눈으로 고독하게 사는 것, 그것이 한승엽 시인이 깨달은 시인으로서 살아가는 법이다. 비록 고단한 삶이지만, 한승엽 시인에게 시인이란 그 삶을 운명으로 받아들이는 사람이다.

이 도서의 국립중앙도서관 출판시도서목록(CIP)은 서지정보유통지원시스템 홈페이지
(http://seoji.nl.go.kr)와 국가자료공동목록시스템(http://www.nl.go.kr/kolisnet)에서
이용하실 수 있습니다.(CIP제어번호: CIP2015018447)

문학의전당 시인선 207

별빛극장

ⓒ 한승엽

초판 1쇄 인쇄 2015년 7월 10일
초판 1쇄 발행 2015년 7월 17일
   지은이 한승엽
   펴낸이 고영
  책임편집 이현호
   디자인 헤이존
   펴낸곳 문학의전당
  출판등록 제311-2012-000043호
    주소 서울시 은평구 연서로11길 7-5 401호
   편집실 서울시 마포구 마포대로 127, 413호(공덕동, 풍림VIP빌딩)
    전화 02-852-1977
    팩스 02-852-1978
    블로그 http://blog.naver.com/mhjd2003
   전자우편 sbpoem@naver.com

    ISBN 979-11-86091-46-3 03810

* 이 책의 판권은 지은이와 문학의전당에 있습니다.
* 양측의 서면 동의 없는 무단 전재 및 복제를 금합니다.
* 잘못 만들어진 책은 바꿔드립니다.
* 이 시집은 제주도문예진흥기금의 일부 보조를 받아 발간되었습니다.